EL CÓDIGO PROHIBIDO DEL MILLÓN

LA FÓRMULA SECRETA QUE LOS MILLONARIOS USAN EN SILENCIO… Y CÓMO ACTIVARLA HOY.

INSPIRED LEGACY PRESS

EDGAR HERNÁNDEZ

INSPIRED LEGACY PRESS

CRÉDITOS

Publicado por **Inspired Legacy Press**

Sparks, Nevada, USA

ISBN: 978-1-969623-82-0

Diseño y maquetación: Inspired Legacy Press

Logotipo: **Inspired Enterprises LLC**

Primera edición — 2025

Impreso en los Estados Unidos de América

EPÍGRAFE

"El dinero no se persigue... se atrae.
Y cuando lo entiendes, descubres que la riqueza no es un privilegio, sino una consecuencia inevitable de pensar como los que ya son libres."

— Edgar Hernández · Inspired Legacy Press

DEDICATORIA

A quienes se atrevieron a soñar cuando todo parecía imposible.
A los que han sentido el peso de la escasez, pero aún así han caminado con la cabeza en alto.
A ti... que no buscas solo dinero, sino libertad.
Que no persigues solo cifras, sino la vida que esas cifras pueden darte.
Este libro es para el guerrero que llevas dentro,
para la mente que está dispuesta a reescribirse,
y para el corazón que sabe que la abundancia no es un lujo...
es tu derecho.

— Edgar Hernández · Inspired Legacy Press

AGRADECIMIENTOS

A mis mentores, visibles e invisibles, que me mostraron que la mente es la primera inversión y que la libertad financiera comienza mucho antes que el dinero: empieza en la forma en que piensas.

A cada persona que me inspiró con sus historias de lucha, de caídas y de renacimiento... ustedes me recordaron que las paredes más altas siempre esconden los tesoros más grandes.

A ti, lector, por atreverte a abrir estas páginas con hambre de más, con la certeza de que tu vida puede transformarse para siempre. Este libro es una llave... pero tú eres la mano que la girará.

— Edgar Hernández · Inspired Legacy Press

ÍNDICE

EL DÍA QUE TODO CAMBIÓ

"El Día que Todo Cambió"

No fue cuando abriste tu primera cuenta bancaria, con esa mezcla de ilusión y miedo a perderlo todo.

No fue cuando recibiste tu primer sueldo, convencido de que con disciplina y ahorro algún día tendrías lo suficiente para vivir en paz.

No fue tampoco cuando escuchaste por primera vez la palabra *inversión*, como si fuera un conjuro reservado para unos pocos iniciados.

El día que todo cambió —y si estás aquí es porque estás al borde de vivirlo— fue cuando comprendiste una verdad brutal: **el dinero no es un objeto, es un lenguaje.** Y durante toda tu vida, lo has estado hablando con un dialecto equivocado, uno diseñado para mantenerte obediente dentro de un guion que nunca escribiste.

Desde niño te dijeron: "Estudia, trabaja duro, ahorra, sé responsable". Pero nadie te explicó que ese manual de vida fue fabricado por el sistema como una cárcel invisible. Como bien advirtió Séneca hace casi dos mil años: *"No es que tengamos poco tiempo, es que perdemos mucho"*. Y tú, como millones de personas, has perdido años siguiendo un libreto de supervivencia que jamás conduce a la cima.

Mientras tanto, en este preciso instante en que tus ojos recorren estas líneas, hay individuos que generan en una tarde de domingo lo que otros jamás acumularán en toda una existencia. Y no lo hacen porque sean más inteligentes o más virtuosos, sino porque descifraron un código oculto, un alfabeto secreto con el que se escribe la riqueza.

Ese código ha existido siempre. Lo aplicaron los mercaderes fenicios que dominaron rutas marítimas mientras los pueblos vecinos apenas sobrevivían al trueque. Lo usaron los banqueros florentinos que financiaron imperios enteros en el Renacimiento. Lo aplicaron visionarios como Rockefeller, Carnegie y Ford, quienes entendieron que la verdadera riqueza no está en el dinero en sí, sino en las estructuras invisibles que lo multiplican.

Tú estás a punto de entrar en esa logia invisible.

Un Libro que No se Parece a Ningún Otro

Este no es un manual financiero lleno de tecnicismos fríos ni gráficas que pronto olvidarás. Este es un libro de guerra mental, de arquitectura oculta, de filosofía aplicada a la libertad. Porque la verdadera libertad no se compra con billetes, **se compra con tiempo.** Y el tiempo no se encuentra: se conquista con estrategia, con visión, con la valentía de romper el hechizo de la escasez que te ha mantenido encadenado.

Los estoicos afirmaban que la mayor esclavitud es aquella que el hombre acepta sin darse cuenta. Y eso es precisamente lo que ocurre con el dinero: millones de personas trabajan cada día dentro de una prisión invisible, convencidos de que algún día, con suerte, alcanzarán la libertad. Pero la suerte es el pretexto de los que nunca comprendieron que la abundancia no es azar, sino lenguaje, y todo lenguaje puede aprenderse.

El Llamado que No Puedes Ignorar

Si este libro cayó en tus manos, no fue por casualidad. Es porque dentro de ti ya ardía una sospecha: que existe algo más grande, más veloz, más brutal que el camino lento y desgastante que te vendieron como única opción.

Este libro es la llave que abre esa sospecha y la convierte en certeza.

Aquí no encontrarás fórmulas mágicas, pero sí descubrirás el verdadero hechizo que los millonarios han usado en silencio: el poder de pensar diferente, de hablar el idioma de la riqueza, de mover piezas invisibles en un tablero que siempre estuvo frente a ti.

Prepárate, porque lo que vamos a hacer juntos es dinamitar las paredes mentales que te separan de tu millón invisible. Vamos a reprogramar tu mente para operar en abundancia, a mostrarte cómo activar un flujo imparable de riqueza que no pueda ser contenido por crisis, gobiernos, ni circunstancias.

Una Verdad que lo Cambia Todo

No importa de dónde vengas. No importa cuánto tengas hoy. No importa si fuiste educado para creer que el dinero era escaso y reservado para unos pocos privilegiados.

Lo que importa es que, al terminar este viaje, no solo tendrás un mapa para encontrar tu millón invisible... **tendrás el poder de multiplicarlo una y otra vez, hasta el infinito.**

Como dijo Marco Aurelio: *"El universo es transformación; la vida, opinión"*. Hoy es el inicio de tu transformación. Hoy eliges una nueva opinión sobre ti mismo, sobre el dinero y sobre tu destino.

La cuenta regresiva ha comenzado.

Bienvenido a la revolución.

Este es **El Código Prohibido del Millón.**

Y hoy, al fin, aprenderás a hablar el idioma de los que jamás vuelven a ser pobres.

LA LLAMADA QUE NO PUEDES IGNORAR

No todos los libros llegan a tus manos por casualidad. Algunos entretienen, otros informan. La mayoría se olvida al poco tiempo. Pero este no. Este no es un simple conjunto de páginas. Este es una **llave**, y como toda llave, tiene un destino: abrir una puerta. Esa puerta puede ser la entrada a tu libertad, o puede quedar oxidándose para siempre en el cajón de las oportunidades desperdiciadas. La elección no está en mí ni en el destino. Está en ti.

El mundo en el que has crecido quiere que creas que el dinero es escaso, que solo se obtiene con sufrimiento, que es patrimonio exclusivo de unos pocos elegidos. Esa idea se ha repetido tanto que parece verdad... pero en realidad es **la mentira más rentable de la historia**. Porque mientras millones corren tras el dinero como esclavos desesperados, un pequeño grupo lo hace venir hacia ellos como señores que han descifrado un lenguaje oculto.

Piensa en esto: mientras tú cuentas horas, otros cuentan intereses. Mientras tú trabajas con el sudor de tu frente, otros han construido **sistemas invisibles** que trabajan por ellos incluso mientras duermen. Y lo más brutal es que ese poder no tiene nada que ver con la suerte, ni con privilegios mágicos, ni con contactos secretos. Ese poder es un **código**, una fórmula que puede aprenderse, aplicarse y repetirse.

El Código Perdido de la Riqueza

Este libro es tu mapa y tu entrenamiento para descifrar ese código. Aquí no encontrarás consejos mediocres como "gasta menos de lo que ganas" o "ahorra para el retiro". Esos son mantras de sumisión, frases diseñadas para mantenerte tranquilo, obediente y domesticado dentro de un juego donde siempre pierdes.

Aquí vas a aprender a **pensar como los arquitectos de la riqueza**, no como sus perseguidores. A mover tus fichas como un jugador de élite en un tablero que el 99% ni siquiera sabe que existe. A comprender que la verdadera libertad no se trata de acumular monedas, sino de **dominar estructuras invisibles** que convierten el tiempo en tu socio más rentable.

Marco Aurelio decía: *"El hombre se esclaviza no por las cadenas de hierro, sino por las cadenas de su mente"*. Y el dinero funciona igual. La mayor prisión no está hecha de muros, sino de creencias heredadas: frases de tus padres, consejos de maestros, advertencias de amigos. Palabras que parecían amor, pero que eran grilletes.

El Precio de la Libertad

Pero hay una condición. No basta con leer estas páginas. No basta con subrayar frases y asentir en silencio. Si quieres transformar tu destino, tendrás que **ejecutar**. Tendrás que arrancar de raíz creencias que llevas cargando toda tu vida, incluso si las heredaste de la gente que amas. Tendrás que incomodarte, arriesgarte, romper con reglas que han mantenido a tu familia encadenada por generaciones.

Recuerda la parábola del águila: cuando el polluelo está listo para volar, la madre destruye el nido. No por crueldad, sino porque sabe que la comodidad mata el destino. Así ocurre contigo: deberás romper el nido de tus viejas creencias para conquistar los cielos de la abundancia.

El Pacto Invisible

Si aceptas esta llamada, te prometo algo: cuando termines este viaje no solo sabrás cómo encontrar tu millón invisible, sabrás cómo **multiplicarlo, protegerlo y vivir de él** sin volver jamás a mirar atrás.

Esto no es un libro que se lee. Es un libro que se ejecuta. Es un manual de batalla para quienes están listos para incendiar la mediocridad y entrar en la arena de los constructores de imperios.

El filósofo griego Heráclito afirmó: *"El carácter de un hombre es su destino"*. Este libro es una forja. Y lo que vas a templar aquí no es solo tu mente, ni solo tu bolsillo: es tu carácter.

El Último Minuto de tu Vieja Vida

El reloj de tu vieja vida acaba de marcar su último minuto. A partir de ahora, cada segundo es dinamita.

¿La escucharás como un murmullo lejano? ¿O la obedecerás como un mandato divino?

El Código Prohibido del Millón no es literatura. Es un umbral. Una frontera. Una llamada que no se ignora.

Y si estás leyendo estas palabras... es porque ya fuiste elegido.

— **Edgar Hernández**

PARTE I

EL JUEGO OCULTO DEL DINERO

"No puedes construir libertad si sigues dormido en la rutina que te encadena."

La Jaula Invisible

Vivimos creyendo que la rutina es seguridad. Despertamos, trabajamos, pagamos cuentas, dormimos... y repetimos el ciclo sin darnos cuenta de que estamos dentro de una jaula invisible. Esa jaula no está hecha de barrotes de acero, sino de pensamientos heredados, de frases que escuchaste en casa, en la escuela, en la sociedad: *"No gastes demasiado, el dinero no crece en los árboles, más vale pájaro en mano que cien volando"*.

¿Lo notas? Desde antes de tener un salario, ya cargabas con un sistema operativo mental instalado sin tu permiso. Y como todo programa, se ejecuta de manera automática, repitiendo patrones que te mantienen exactamente en el mismo lugar.

El primer paso hacia la libertad no es abrir un negocio ni invertir en bolsa. El primer paso es **despertar del hipnotismo**

colectivo de la escasez. Porque si tu mente sigue dormida, cualquier riqueza que llegue se desvanecerá como agua en las manos.

El Terreno Donde Estás Parado

Antes de avanzar, necesitas reconocer dónde estás realmente. No hablo de tu cuenta bancaria ni de tu salario, sino de tu **paisaje mental.** ¿De qué está hecho tu diálogo interno? ¿Te hablas en términos de posibilidad o en términos de carencia?

El estoico Epicteto decía: *"No es lo que nos sucede lo que nos daña, sino lo que pensamos acerca de lo que nos sucede"*. Lo mismo ocurre con el dinero: no es la cifra lo que determina tu destino, sino la interpretación que le das. Hay quienes ganan poco y se sienten abundantes, expanden su vida y crecen. Y hay quienes ganan mucho, pero se sienten siempre en deuda con la vida.

Reconocer tu terreno es mirarte sin máscaras. Es atreverte a decir: "Sí, hasta ahora he pensado como esclavo de la escasez. Pero hoy decido despertar".

La Programación Invisible

La psicología moderna lo confirma: gran parte de nuestras decisiones financieras son emocionales, no racionales. Compramos por miedo a perder, trabajamos por miedo a ser rechazados, ahorramos por miedo al futuro. El miedo es el verdadero gerente de las finanzas del 99%.

Imagina un software instalado en tu cerebro, escrito por generaciones pasadas que vivieron en guerra, pobreza o incertidumbre. Ese software dice: *"El dinero es peligroso, corrompe, divide"*. Pero ese código ya no corresponde a tu presente. Es como usar un mapa del siglo XV para navegar internet.

Si no actualizas tu programación mental, seguirás interpretando la vida desde un manual obsoleto. **El despertar consiste**

en reconocer que tu mente no es tuya: es un archivo heredado. Y ahora ha llegado el momento de reescribirlo.

Una Historia para Recordar

Cuenta una parábola oriental que un hombre pobre rezaba cada día pidiendo riqueza. Una noche, un anciano sabio se le apareció en sueños y le entregó una llave de oro. El hombre despertó emocionado, pero al no ver ninguna puerta frente a él, guardó la llave en un cajón y siguió rezando. Murió igual de pobre, sin sospechar que la llave abría un cofre enterrado en el jardín de su propia casa.

Así es la programación mental: tienes la llave, pero no la usas porque no reconoces la puerta. Este libro será ese anciano que te muestra dónde cavar. Pero no bastará con leer, tendrás que tener el coraje de abrir la tierra y ensuciarte las manos.

El Mapa Oculto

Tu mente y tu dinero están conectados por hilos invisibles. Cada decisión financiera nace de un pensamiento, y cada pensamiento está moldeado por creencias profundas. Si piensas en escasez, atraerás escasez. Si piensas en abundancia, tu cerebro comenzará a detectar oportunidades donde antes solo veías problemas.

Es lo que los neurocientíficos llaman el **sistema de activación reticular**: esa red que filtra la realidad según tus creencias. Por eso, cuando alguien compra un coche rojo, de pronto empieza a ver coches rojos por todas partes. No es magia, es enfoque. Con el dinero ocurre lo mismo: si estás programado para ver límites, los encontrarás. Si estás programado para ver caminos, aparecerán ante ti.

. . .

Rompiendo el Hechizo

La programación de la escasez es un hechizo colectivo. Como en la alegoría de la caverna de Platón, la mayoría vive mirando sombras en la pared, convencidos de que eso es toda la realidad. El despertar es atreverte a salir de la cueva, aunque la luz al principio te ciegue.

Romper con esa programación no es un acto intelectual, es un acto de valentía. Significa contradecir a tu entorno, cuestionar las frases que parecían sagradas, desafiar la voz interna que te dice: *"No puedes, no es para ti, no arriesgues"*.

El Viejo Tú Comienza a Desaparecer

Prepárate, porque a partir de este momento el viejo "tú" comenzará a morir. Ese tú que pedía permiso para vivir en abundancia, que buscaba aprobación, que justificaba su mediocridad con excusas sociales. Ese tú será desmantelado página por página, hasta que solo quede una versión despierta, indomable, consciente de que la riqueza no es un privilegio, sino un idioma que puedes aprender.

El Compromiso

Este camino no será cómodo. Te dolerá desprenderte de creencias que llevas tatuadas en la piel. Te sentirás extraño, como quien despierta de un sueño largo y aún no entiende dónde está. Pero si perseveras, descubrirás que siempre fuiste libre, solo que habías olvidado tu poder.

El Despertar no es un concepto bonito. Es un **punto de no retorno.** Después de encender este interruptor, ya no podrás volver a dormir tranquilo en la rutina que te encadenaba.

Lo que Vas a Aprender

En esta primera parte aprenderás:

- A identificar el terreno donde realmente estás parado.
- A reconocer y desactivar las creencias invisibles que sabotean tus decisiones.
- A ver lo que la mayoría nunca ve: el mapa oculto que conecta tu mente con tu dinero.

Y lo harás no solo con teoría, sino con ejercicios mentales y cambios de perspectiva que encenderán un fuego imposible de apagar.

El Renacimiento

Prepárate, porque este es el inicio de un renacimiento. No importa lo que hayas creído hasta hoy. No importa si vienes de deudas, fracasos o carencias. Lo único que importa es que has respondido a la llamada. Y ahora, nada volverá a ser igual.

El viejo tú se está desvaneciendo. El nuevo tú está naciendo. Y ese nuevo tú no pide permiso para vivir en abundancia.

1

EL MAPA QUE NUNCA TE ENSEÑARON

"La riqueza no es un lugar... es un mapa. Y si no lo tienes, seguirás dando vueltas en el mismo desierto toda tu vida."

El Desierto Invisible

La mayoría de las personas creen que la riqueza es cuestión de suerte, contactos o talento innato. Lo repiten como dogma porque así lo aprendieron: *"los que tienen, nacieron con ventaja; los demás deben conformarse"*. Pero esa creencia es el espejismo que mantiene a millones vagando en un **desierto financiero** sin rumbo.

Lo que nadie te dice es que el dinero —el verdadero, el que te libera— siempre sigue un mapa. No un mapa físico, de papel o de Google, sino un **mapa mental y estratégico**: un conjunto de principios, coordenadas invisibles y leyes silenciosas que mueven el dinero de unas manos a otras.

Ese mapa nunca te lo mostraron. No está en las escuelas, porque la educación formal fue diseñada para producir empleados obedientes, no creadores libres. No está en los diplomas, porque un título puede darte prestigio, pero no necesariamente abundancia. Tampoco está en los consejos de tus padres —aunque te amen—, porque ellos también caminaron a ciegas en el desierto.

Ese mapa está en otro lugar: en las conversaciones privadas que nunca escuchaste, en los libros que nunca estuvieron en las estanterías comunes, y en las decisiones silenciosas de quienes cruzaron la frontera hacia la abundancia.

El País de la Escasez vs. El País de la Libertad

Imagina que el mundo financiero es un territorio dividido en dos países:

- **El País de la Escasez:** donde la mayoría vive pendiente de la próxima quincena, donde el tiempo es poco y el dinero nunca alcanza. Allí todo es deuda, ansiedad y supervivencia.
- **El País de la Libertad:** donde el tiempo y el dinero trabajan para ti, y cada día tu vida se expande en vez de encogerse. Allí gobierna la estrategia, la claridad y la abundancia.

El problema no es que el País de la Libertad no exista. El problema es que la mayoría jamás lo ve porque nunca les mostraron el mapa. Viven atrapados en el primero, convencidos de que es el único territorio posible.

Yo lo vi. Y desde ese momento entendí que no se trataba de ganar más, sino de **caminar distinto.** De reconocer las leyes invisibles que mueven el dinero, y de aprender a posicionarme siempre en el lado correcto de la transacción.

La Percepción como Puerta

El mapa de la riqueza no empieza con inversiones ni con negocios. Empieza con **percepción.** Porque si no puedes ver la oportunidad, no importa cuántas pasen frente a ti, nunca las aprovecharás.

Es como un turista en una ciudad extranjera sin mapa ni idioma: puede estar rodeado de restaurantes, museos y tesoros culturales, pero si no sabe leer las señales, vivirá como un perdido.

La riqueza funciona igual: los que no tienen mapa viven golpeando paredes; los que lo tienen caminan con dirección, incluso si avanzan lento.

Lo que Aprenderás Aquí

1 **Identificar dónde estás en el mapa** — No es lo mismo estar en un desierto financiero que en una ciudad llena de rutas ocultas. El autodiagnóstico es el inicio.

2 **Trazar tu destino** — No basta con decir "quiero ser rico". Debes definir: "Quiero construir *X* flujo de ingresos, con *Y* estilo de vida, en *Z* tiempo". La claridad crea magnetismo.

3 **Reconocer rutas falsas** — Atajos que prometen riqueza rápida pero terminan en arenas movedizas: esquemas de pirámides, apuestas emocionales, negocios sin estructura.

4 **Detectar coordenadas clave** — Personas, ideas y activos que se convierten en puntos de referencia en tu viaje hacia la abundancia.

Historia: **El Mapa y el Territorio**

En el siglo XV, cuando los exploradores europeos se lanzaban al océano, no navegaban por azar: seguían mapas. Algunos eran imprecisos, otros estaban incompletos, pero aun así, quien tenía mapa avanzaba más lejos que quien se lanzaba a ciegas.

El explorador sin mapa confiaba en la suerte... y moría en el mar. El que tenía mapa, aunque imperfecto, lograba llegar a nuevos mundos.

La riqueza es igual: sin mapa, confías en la suerte y te

hundes. Con mapa, aunque sea incompleto, avanzas más lejos que el resto.

Psicología del Territorio

La mente humana siempre busca patrones. Cuando no tienes mapa, tu cerebro se aferra a lo conocido, incluso si duele: el salario limitado, la deuda eterna, la rutina de sobrevivir. Porque lo conocido parece seguro.

Pero cuando accedes al mapa, tu percepción se abre. El miedo se convierte en brújula. Lo desconocido deja de ser amenaza y se convierte en posibilidad.

Aquí ocurre la transformación: dejas de ser un turista perdido en tu propia vida y te conviertes en un **navegante con rumbo.**

El Ritual del **Mapa Inspired**

1 **Dibuja tu mapa actual** — Sé brutalmente honesto: ingresos, gastos, activos, deudas. Ponlo en papel. Verlo es el primer despertar.

2 **Marca tu destino** — Escribe en una sola frase qué significa para ti libertad financiera. Que sea concreto y medible.

3 **Identifica tu brújula** — Encuentra un mentor, un libro, un sistema que mantenga tu orientación. Ningún explorador viaja sin brújula.

4 **Señala rutas falsas** — Haz memoria de las “oportunidades” que te han hecho perder tiempo y dinero. Escríbelas. No vuelvas a caer.

5 **Elige tu primer paso** — Define una acción concreta que puedas ejecutar en las próximas 24 horas. Porque un mapa sin movimiento es solo un dibujo.

. . .

Cuando entiendes el mapa, la ansiedad desaparece. Ya no corres como un ciego en un laberinto. Empiezas a caminar con dirección, sabiendo que cada paso, aunque pequeño, te acerca a tu destino real.

La verdadera libertad comienza cuando dejas de moverte por inercia... y empiezas a avanzar con propósito.

Conclusión: Tu Nuevo Territorio

El mapa que nunca te enseñaron ahora está frente a ti. No todos lo tienen. No todos lo verán. Pero tú ya no puedes vivir como si no lo hubieras visto.

Ahora eres el navegante. Tú trazas la ruta. Tú decides dónde colocar tu bandera.

— Edgar Hernández
El Código Prohibido del Millón

2

ROMPE EL HECHIZO DE LA ESCASEZ

"La escasez no es falta de recursos... es un virus mental que mata tu libertad antes de que nazca."

El Diseño de la Escasez

Desde que naciste, el sistema te entrenó para pensar en pequeño. Y no fue un accidente. Fue un diseño.

Cada anuncio, cada consejo "bienintencionado" de quienes te rodeaban, cada lección en la escuela... todo llevaba el mismo mensaje oculto:

"Sé realista. No sueñes demasiado. El dinero es difícil de conseguir."

Ese es el **hechizo de la escasez**: una programación tan profunda que la mayoría ni siquiera sabe que está hipnotizada. No se trata solo de creer que el dinero es limitado... se trata de vivir como si el dinero fuera un enemigo que debes perseguir, atrapar y retener antes de que se te escape.

. . .

El Precio de Estar Hipnotizado

Mientras operas desde la escasez, cada decisión que tomas está contaminada:

- Aceptas trabajos que odias porque "pagan bien".
- Mantienes clientes tóxicos por miedo a quedarte sin ingresos.
- No inviertes en oportunidades reales porque "*¿y si pierdo todo?*".
- Vives midiendo tu vida en lo que cuesta, no en lo que vale.

La escasez no es una creencia abstracta. Es un virus que se manifiesta en el cuerpo: tensión en los hombros, ansiedad en las noches, insomnio que roba la paz, miedo constante a no llegar a fin de mes.

Una Paradoja de la Historia

En plena Edad Media, los reyes poseían tierras inmensas, pero muchos campesinos vivían convencidos de que su destino era la pobreza eterna. No porque faltaran recursos, sino porque la estructura mental de la época les decía que habían nacido para servir.

Hoy, con más oportunidades que nunca en la historia, millones siguen actuando como aquellos campesinos: con cadenas invisibles, heredadas y reforzadas por la cultura.

Profundización Psicológica

Los ricos no piensan diferente porque tienen dinero.

Tienen dinero porque piensan diferente.

Ellos operan desde un marco de abundancia: creen, actúan y deciden como si el dinero fuera un recurso infinito que fluye hacia quien está preparado para recibirlo. Y no, no es optimismo ingenuo. Es **programación mental deliberada.**

El cerebro humano filtra la realidad según sus creencias.

- Si crees que el dinero es escaso, verás escasez en todas partes.
- Si crees que el dinero es abundante, tu mente empezará a detectar oportunidades que siempre estuvieron ahí, pero que antes ignorabas.

La neurociencia lo confirma: el **sistema de activación reticular** en tu cerebro selecciona lo que percibes. Cambia tu creencia, cambia tu percepción.

Los Virus Mentales **Más Comunes**

El primer paso para romper el hechizo es desprogramar las creencias heredadas:

- *"El dinero cambia a las personas."*
- *"Para tener más, alguien tiene que perder."*
- *"No todos nacimos para ser ricos."*

Estas frases no son verdades. Son **virus mentales** diseñados para mantenerte pobre.

Una Parábola **para Recordar**

Un granjero pobre tenía un pozo en su terreno. Creía que solo servía para darle agua a sus animales. Un día llegó un forastero y le explicó que ese pozo escondía una veta de minerales valiosos. El granjero se rió y dijo: *"Si eso fuera cierto, mi padre lo habría descubierto antes que yo."* Murió pobre, convencido de que no había nada. Décadas después, ese mismo terreno convirtió a otro en millonario.

La moraleja es simple: **la escasez no está en los recursos, está en los ojos que no saben verlos.**

Filosofía **de la Abundancia**

Séneca dijo: *"No es el hombre pobre el que tiene poco, sino el que desea más."*

El pensamiento moderno lo lleva más lejos: el pobre no es el que carece de recursos, sino el que carece de visión.

Romper el hechizo es abrir los ojos, no solo a lo que tienes, sino a lo que puedes crear.

Culminación Emocional

Cuando rompes el hechizo, algo cambia para siempre:

- Dejas de perseguir el dinero y empiezas a atraerlo.
- Te mueves con otra energía, tomas decisiones desde la confianza.
- La ansiedad se reemplaza por visión estratégica.
- El miedo deja de gobernarte.

La libertad no empieza en tu cuenta bancaria. **Empieza en tu mente.**

Ritual / Acción Concreta — Marco Inspired

1 **Inventario mental:** escribe todas las creencias sobre dinero que escuchaste de niño.

2 **Clasifícalas:** marca cuáles te empoderan y cuáles te limitan.

3 **Rompe el papel:** literalmente destruye las creencias limitantes por escrito.

4 **Sustitución consciente:** reemplaza cada creencia limitante por una afirmación expansiva. Ejemplo: *"El dinero es escaso"* → *"El dinero fluye constantemente hacia mí."*

5 **Repite por 33 días:** frente al espejo, para reprogramar tu subconsciente.

El Juramento del que Rompe Cadenas

Este capítulo no es teoría. Es tu pacto contigo mismo:
"Jamás aceptaré la mentira de la escasez.
Mi mente es abundancia.
Mis decisiones son abundancia.
Mi destino es abundancia."

3

EL JUEGO OCULTO DEL DINERO

"El dinero no se gana... se juega. Y quien no conoce las reglas, siempre pierde, aunque trabaje más que nadie."

El Juego Que No Te Enseñaron

El sistema financiero no está roto. Está **diseñado.** Y su diseño es preciso: unos pocos ganan, la mayoría sobrevive. No es un accidente que los verdaderos millonarios no sigan las reglas que enseñan en la escuela. Esas reglas fueron escritas para que seas un jugador de bajo nivel, alguien que apenas toca el tablero, alguien que obedece sin cuestionar.

El juego oculto del dinero es silencioso, pero letal:

- Mientras tú ahorras, ellos multiplican.
- Mientras tú trabajas por horas, ellos hacen que el dinero trabaje por ellos.
- Mientras tú esperas un aumento, ellos crean activos que generan ingresos automáticos.

. . .

El Error Mortal: Creer que el Dinero es Premio por Esfuerzo

El error más grande es creer que el dinero es un premio por esfuerzo. Que si trabajas duro, recibirás tu recompensa. Pero el dinero no responde a sudor: responde a reglas. Es un flujo controlado que se mueve hacia quienes entienden tres cosas:

1 **Dónde se mueve el dinero.**

2 **Quién lo mueve.**

3 **Cómo alinearte para que fluya hacia ti.**

Si no entiendes esto, terminas en el papel más triste: ser parte del tablero, pero no el jugador.

La Ilusión del Intercambio Justo

La mayoría vive atrapada en lo que llamo la **ilusión del intercambio justo**: *"Trabajo tantas horas, recibo tanto dinero."*

Esa creencia fue sembrada en ti desde niño: "Estudia, trabaja, cobra tu sueldo." Pero es una mentira.

En el juego real, el valor no se mide por tiempo, sino por **impacto, control de recursos y capacidad de multiplicación.**

Por eso alguien puede ganar en una hora lo que otros en un año: no está vendiendo tiempo, está vendiendo **palancas de valor.**

Historia: El Banquero Invisible

En la Florencia del Renacimiento, los Medici se convirtieron en una de las familias más poderosas de la historia. ¿Cómo lo hicieron? No trabajaban 20 horas al día. No competían con los artesanos en esfuerzo. Jugaron otro juego: **controlaron el flujo del dinero.** Mientras otros pensaban en salario, ellos pensaban en sistemas bancarios, crédito y apalancamiento.

El trabajador promedio veía monedas. Ellos veían estructuras. Esa es la diferencia entre ser jugador… y ser pieza.

El Tablero Oculto

El dinero no es lineal. Es un tablero con piezas invisibles:

- **Sistemas:** mecanismos que siguen funcionando sin ti.
- **Apalancamiento:** usar recursos, tiempo y talentos de otros.
- **Multiplicación:** reinvertir hasta que el flujo crece por sí mismo.

El juego oculto premia a quienes entienden que el dinero no es un objetivo, es una consecuencia. Una consecuencia de cómo colocas tus piezas en el tablero.

Psicología del Jugador

El que no entiende las reglas vive desde el miedo: miedo a perder su empleo, miedo a arriesgar, miedo a no tener suficiente. Ese miedo lo convierte en pieza sacrificable.

El jugador, en cambio, vive desde la visión. No piensa en “seguridad”, piensa en “control”. No mide horas, mide movimientos. No busca aumentos, crea multiplicadores.

Parábola: El Obrero y el Arquitecto

Dos hombres trabajan en la misma construcción. El primero cobra por hora: mientras más horas pone, más gana. El segundo diseña la estructura: cobra una vez, pero cada edificio que levanta multiplica su prestigio y le trae contratos por décadas.

El obrero cree que gana más si trabaja más. El arquitecto gana más si diseña mejor. Uno juega al esfuerzo, el otro juega al tablero.

. . .

CULMINACIÓN Emocional

Cuando descubres el juego oculto, todo cambia. Empiezas a pensar en términos de movimientos estratégicos, no de sacrificios interminables. Dejas de pedir permiso para ganar más y comienzas a mover piezas que cambian el tablero entero.

El verdadero poder del dinero no está en gastarlo, sino en **colocarlo donde se multiplica mientras duermes.**

Y en este momento, frente a estas páginas, tienes dos opciones:

- Seguir jugando el juego de los que siempre pierden.
- O aprender a moverte como los que siempre ganan.

RITUAL / Acción Concreta (Marco Inspired)

1 **Analiza:** haz una lista de tus fuentes de ingreso y marca cuáles dependen de tu tiempo y cuáles no.

2 **Investiga:** descubre al menos tres formas de generar ingresos que no requieran tu presencia física constante (inversiones, productos digitales, sistemas automatizados).

3 **Decide:** elige una de esas formas y comprométete a implementarla en los próximos 90 días.

4 **Evalúa:** cada mes mide cuánto crecen tus ingresos pasivos.

5 **Optimiza:** ajusta y reinvierte para acelerar el crecimiento.

CIERRE: La Decisión Final

El juego oculto del dinero no perdona la ignorancia. Si no conoces las reglas, eres parte del tablero. Si las conoces, puedes convertirte en jugador.

La pregunta es: ¿seguirás siendo peón... o decidirás ser estratega?

— **Edgar Hernández**
El Código Prohibido del Millón

PARTE II

EL CÓDIGO MENTAL

"Primero lo construyes en tu mente... luego en tu cuenta bancaria."

Todo Empieza en lo Invisible

Toda fortuna comienza como un pensamiento. Antes de que existan números en tu cuenta, antes de que sostengas dinero en tus manos, hay un plano invisible en tu mente. Ese plano es el **verdadero arquitecto** de tus resultados: puede potenciarte... o puede sabotearte en silencio.

La mayoría cree que para mejorar sus finanzas deben trabajar más horas, buscar un empleo mejor, abrir un negocio, lanzarse a una inversión o encontrar "la gran oportunidad". Pero no ven el error fundamental: todas esas acciones están filtradas por los límites de su **propio pensamiento.**

Si tu mente está programada para la escasez, el miedo y la supervivencia, ninguna estrategia financiera funcionará. El dinero que consigas se escapará como agua entre las manos, las oportunidades que aparezcan las dejarás pasar, y cualquier riqueza será un espejismo temporal.

La verdad es simple y brutal: **tus resultados externos son solo un reflejo de tu código interno.** Y como todo reflejo, no puedes cambiar la imagen en el espejo golpeando el vidrio: tienes que cambiar la fuente que lo proyecta.

El Software Oculto

El **Código Mental** es ese software invisible que gobierna tus decisiones. Está hecho de creencias, patrones emocionales y estructuras de pensamiento que responden a preguntas como:

- ¿Cuánta riqueza te permites crear?
- ¿Qué piensas cuando escuchas la palabra riesgo?
- ¿Actúas para ganar... o solo para sobrevivir?

Un software defectuoso no importa cuánto intentes "forzar" al hardware. Si una computadora tiene un virus, no sirve de nada teclear más rápido o comprar un teclado más caro. Así mismo, si tu mente está infectada por la programación de la escasez, no importa cuánto te esfuerces, siempre volverás al mismo resultado.

Psicología de la Escasez

La psicología moderna demuestra que la mente humana tiene un sesgo llamado *atención selectiva*: solo percibimos aquello que confirma nuestras creencias. Si crees que "no hay oportunidades", tu cerebro filtrará todo lo que confirme esa idea, ignorando posibilidades frente a ti.

Es el mismo principio que explica por qué, cuando compras un auto rojo, empiezas a ver autos rojos por todas partes. No es magia: es programación mental.

El filósofo William James, padre de la psicología moderna, lo resumió así: *"El mayor descubrimiento de mi generación es que un ser humano puede alterar su vida alterando sus actitudes mentales."*

En otras palabras: **cambia el código, y el reflejo cambia.**

Una Historia de Virus Mentales

Imagina un hombre llamado Arturo. Trabajaba 14 horas diarias convencido de que "el dinero se gana con sudor". Cada vez que recibía un pago, lo gastaba de inmediato en cosas que no necesitaba, porque en el fondo no se creía digno de acumular. Un día heredó una suma considerable. Meses después, no quedaba nada. ¿Por qué? Porque su código interno seguía siendo el de un hombre que "sobrevive", no el de alguien que "expande".

La riqueza se multiplica en la mente antes de hacerlo en la cuenta bancaria. Quien piensa como pobre, destruye incluso cuando recibe millones. Quien piensa como rico, construye incluso desde la nada.

Filosofía Antigua, Riqueza Moderna

Los estoicos lo sabían. Séneca escribió: *"La pobreza no consiste en tener poco, sino en desear mucho."* Y aunque su enseñanza parecía despreciar el dinero, lo que realmente señalaba era lo mismo que ahora redescubrimos: **la mente gobierna la experiencia.**

Marco Aurelio, emperador de Roma, comprendió que la riqueza no era el oro en sus cofres, sino el dominio sobre sí mismo. Ese dominio lo convirtió en uno de los hombres más poderosos de la historia, no por herencia, sino por claridad mental.

El capitalismo moderno confirma esta lección: los grandes constructores de fortunas, desde Rockefeller hasta Musk, no se distinguieron primero por sus empresas, sino por su mentalidad expansiva, por su visión de lo posible.

Los Tres Niveles del Código Mental

1 **Identidad** — Lo que crees ser. Si piensas: "Soy un sobreviviente", tus decisiones serán de escasez. Si piensas: "Soy un creador de riqueza", tu accionar será expansivo.

2 **Emoción** — Cómo reaccionas ante el riesgo. Para algunos, el riesgo es una amenaza; para otros, es un campo de oportunidad.

3 **Acción** — Tu manera de jugar. ¿Actúas para no perder o actúas para ganar?

Estos tres niveles forman la base del software que gobierna tu relación con el dinero.

Ejercicio: Detectando los Virus

1 Escribe tres frases sobre el dinero que escuchaste en tu infancia.

2 Pregúntate: ¿Estas frases me expanden o me limitan?

3 Sustituye cada una por un nuevo código que abra posibilidades.

Ejemplo:

- Virus: *"El dinero es malo."*
- Nuevo código: *"El dinero es una herramienta que amplifica mi propósito."*

Del Víctima al Arquitecto

Cuando reaccionas ante el dinero como víctima, siempre culpas a factores externos: la economía, los gobiernos, tu jefe, tus padres. Pero cuando te conviertes en arquitecto, entiendes que el dinero responde primero a tu identidad.

No es cuestión de suerte ni de talento: es cuestión de creencia. **El dinero obedece a la mentalidad del que lo comanda.**

Por eso, en esta sección aprenderás a identificar los virus en tu software mental y reemplazarlos por pensamientos que atraen, protegen y multiplican la riqueza.

El Cambio de Identidad

El día en que empieces a pensar como alguien que merece abundancia, comenzarás a moverte como alguien que la comanda. Tus decisiones cambiarán, tu manera de hablar cambiará, incluso tu lenguaje corporal cambiará.

El dinero no responde solo al esfuerzo: responde a la identidad. Y la identidad puede reescribirse.

Una Parábola Final

Un campesino pasaba su vida quejándose de la pobreza. Soñaba con encontrar un tesoro, hasta que un día descubrió que bajo su tierra había un manantial de agua cristalina. Lo vendió barato porque no veía oro. Años después, esa tierra se convirtió en un balneario que enriqueció a otro hombre.

La moraleja: no importa lo que tengas en las manos, si tu mente no lo reconoce, nunca será riqueza.

Lo que Viene

En los próximos capítulos aprenderás las herramientas prácticas para reprogramar tu código mental: desde ejercicios de visualización hasta estrategias de pensamiento crítico que reemplazarán el miedo con claridad y la escasez con abundancia.

Este es el comienzo de tu verdadera fortuna. No afuera. Adentro.

4

PIENSA COMO UN ARQUITECTO FINANCIERO

"La riqueza no se improvisa... se diseña. Y si no tienes un plano, estás construyendo para otro, no para ti."

La Riqueza No es un Accidente

Los millonarios no llegan a su destino por accidente. Ninguna fortuna duradera nació de la improvisación. Detrás de cada imperio, de cada negocio que perdura, de cada apellido que resuena con poder, hay un **plano invisible** que fue diseñado mucho antes de mover un solo dólar.

Un arquitecto financiero no espera a ver "qué pasa" con sus ingresos.

- Define el resultado exacto que quiere.
- Traza las estructuras que lo sostendrán.
- Calcula los tiempos y recursos necesarios.

La diferencia es clara: el trabajador improvisa, el arquitecto diseña.

. . .

El Plano Invisible

Un arquitecto no se presenta en un terreno con ladrillos y cemento sin saber qué va a construir. Primero diseña. Primero crea en papel lo que después se materializará en piedra.

Así mismo, el arquitecto financiero nunca persigue el dinero. Su visión está en la **estructura, no en la urgencia.** Crea **ecosistemas de ingresos** que se alimentan entre sí. Entiende que cada fuente debe sostener a las demás, como columnas que soportan un templo.

Profundización Psicológica: De Obrero a Diseñador

La mente promedio piensa: *"Quiero ganar más dinero."*

La mente arquitecta piensa: *"Voy a construir una máquina que genere dinero para siempre."*

Ese salto exige tres cambios mentales:

1 De trabajador a diseñador

Pasar de vender tiempo a construir activos. El trabajador cambia horas por billetes; el arquitecto crea estructuras que producen sin su presencia constante.

2 De gasto a inversión

Cada peso o dólar se convierte en un ladrillo. La diferencia está en si lo usas para construir tu estructura... o para fortalecer la de alguien más.

3 De corto plazo a permanencia

No buscas picos momentáneos de ingresos. Construyes cimientos que duren décadas, sistemas que sigan funcionando incluso después de tu partida.

Cuando comienzas a pensar así, dejas de correr tras oportunidades al azar y empiezas a diseñar oportunidades a medida.

Historia: El Arquitecto y la Ciudad

En la antigua Babilonia, existió un arquitecto que se hizo rico no porque trabajaba más duro, sino porque pensaba más allá del día presente. Mientras los demás construían casas pequeñas para sobrevivir, él diseñó murallas, templos y mercados. Cada construcción no solo le daba ingresos inmediatos, sino que creaba una estructura que atraía más riqueza a la ciudad.

Ese arquitecto no solo trabajó para ganar, trabajó para **permanecer.** Y su nombre, aunque perdido en los registros, vive en las piedras que aún sostienen ruinas milenarias.

El Poder de la Secuencia

Un arquitecto financiero sabe que no puede levantar el techo antes de tener cimientos. Entiende que la secuencia importa:

- Primero construye ingresos estables.
- Luego crea flujos pasivos.
- Después diversifica y escala.

El que improvisa se derrumba. El que diseña, perdura.

Metáfora: El Edificio de Tu Libertad

Piensa en tu vida financiera como un rascacielos:

- **Cimientos:** tu mentalidad y hábitos de dinero.
- **Columnas:** tus fuentes de ingresos estables.
- **Pisos:** tus inversiones escalables.
- **Techo:** tu legado y expansión.

Cada ingreso, cada inversión, cada decisión es un ladrillo que acerca tu libertad.

Ejemplo Moderno

Un emprendedor puede abrir un negocio de comida rápida y pensar solo en el flujo diario de ventas. Pero un arquitecto financiero diseña el modelo para que un local se convierta en cadena, la cadena en franquicia, y la franquicia en un sistema que genera ingresos incluso en su ausencia.

El secreto no es vender hamburguesas: es **diseñar estructuras replicables.**

Culminación **Emocional**

No eres un jugador más. No eres un obrero que cambia horas por monedas. **Eres el arquitecto del tablero.**

Cada ingreso es un ladrillo.

Cada inversión es una columna.

Cada decisión es un trazo en el plano.

Y cuando la estructura esté completa, podrás alejarte y verla funcionar sola, con la certeza de que construiste algo que vivirá más allá de ti.

Ritual / **Acción Concreta — Marco Inspired**

1 **Dibuja tu mapa financiero:** coloca en el centro la cifra de ingresos que quieres lograr cada mes.

2 **Crea columnas de ingresos potenciales:** inmuebles, negocios, inversiones, regalías, productos digitales.

3 **Asigna metas a cada columna:** cuánto generará y en qué plazo.

4 **Identifica el orden de construcción:** empieza por lo que requiera menos inversión y pueda financiar lo siguiente.

5 **Revisión cada 90 días:** ajusta el plano como un arquitecto que supervisa su obra.

Juramento del Arquitecto

Haz este compromiso contigo mismo:
"No construiré sobre arena. No viviré improvisando.
Cada acción que tome será un ladrillo en mi templo de libertad.
Soy arquitecto de mi riqueza, no obrero del sistema."
— **Edgar Hernández**
El Código Prohibido del Millón

5

LA LEY DEL MULTIPLICADOR INVISIBLE

"No se trata de trabajar más... sino de que cada acción que hagas trabaje para ti más veces de las que imaginas."

La Gran Trampa del Esfuerzo

La mayoría de las personas cree que para multiplicar ingresos deben multiplicar esfuerzo. Creen que el secreto está en trabajar más horas, en aceptar más empleos, en sacrificar más fines de semana.

Ese pensamiento es la trampa que mantiene a millones atados a un ciclo eterno: **más cansancio, ingresos limitados, menos libertad**. Y mientras más duro corren, más sienten que la meta se aleja.

El millonario no hace 10 trabajos para ganar 10 veces más. Diseña una **palanca** que, con la misma fuerza, mueve 10 veces más carga.

El Principio del Multiplicador Invisible

El Multiplicador Invisible funciona bajo una premisa radical:

cada acción, sistema o inversión que crees debe producir más de una recompensa, sin que requiera más de tu tiempo.

Ejemplos claros:

- Un libro, curso o pieza de contenido que creas una vez y se vende miles de veces.
- Una inversión automática que reinvierte ganancias y acelera su propio crecimiento.
- Un sistema de negocio o equipo que opera mientras duermes.

El truco no es hacer más... sino hacer **lo correcto una sola vez** y dejar que se multiplique sin freno.

Historia: El Inventor Invisible

En 1876, Alexander Graham Bell patentó el teléfono. Su trabajo tomó meses de prueba y error. Pero una vez que la patente fue suya, cada teléfono fabricado en el mundo generaba riqueza para él sin que tuviera que construirlos con sus propias manos.

Ese es el poder del multiplicador: transformar una acción inicial en un flujo que se reproduce. Bell no ganó dinero por horas trabajadas, sino por haber creado un sistema que funcionaba infinitamente más allá de su esfuerzo directo.

Profundización Psicológica

La mente de escasez piensa en "horas trabajadas" como la única moneda de cambio. Por eso mide su vida en nóminas, quincenas y turnos.

La mente de abundancia piensa en **activos reproducibles.** Activos que una vez creados, generan ingresos sin presencia constante.

Esto exige tres transformaciones internas:

1 Automatización mental

Pensar siempre: "¿Cómo puedo hacer que esta acción tenga vida propia?".

2 Visión exponencial

Preguntarse: "¿Cómo puede este recurso duplicarse o triplicarse con el mismo esfuerzo inicial?".

3 Desapego del control absoluto

Entender que para crecer debes permitir que sistemas y personas actúen sin ti. Si todo depende de ti, tu crecimiento estará limitado a tu energía y a tus horas.

El Multiplicador Invisible nace de la unión entre **visión estratégica** y la capacidad de **soltar el volante**.

METÁFORA: El Agricultor y la Semilla

Un agricultor puede comer su grano hoy y saciar su hambre por unas horas. O puede plantar ese mismo grano y, con paciencia, obtener una cosecha que alimente a cientos.

La mente de escasez come el grano.

La mente de abundancia lo planta y multiplica.

Así funciona el dinero: lo que hoy gastas desaparece, lo que inviertes inteligentemente se multiplica en silencio.

CULMINACIÓN Emocional

Cuando activas tu Multiplicador Invisible, algo casi mágico ocurre:

- Tus ingresos siguen creciendo incluso en los días en que no mueves un dedo.
- Tus esfuerzos dejan de ser lineales y se convierten en exponenciales.
- Tu tiempo deja de ser tu límite y se transforma en tu recurso más abundante.

Ese es el momento en que entiendes que la verdadera libertad no consiste en trabajar más, sino en diseñar sistemas que trabajen eternamente para ti.

EJERCICIO / **Ritual — Marco Inspired**

1 **Haz una lista** de todo lo que hoy genera ingresos para ti.

2 **Marca con un asterisco** las fuentes que podrían seguir produciendo aunque tú no trabajes en ellas.

3 **Escoge una** y pregúntate: *"¿Cómo puedo multiplicar este ingreso por 5 sin trabajar más?"*

4 **Diseña un sistema, equipo o herramienta** que lo haga posible.

5 **En 90 días, mide el resultado** y ajusta para multiplicar otra vez.

HISTORIA DE ADVERTENCIA: **El Hombre de las 3 Jornadas**

Un hombre trabajaba tres empleos para sostener a su familia. Pasaba 18 horas al día fuera de casa, apenas dormía. Ganaba lo suficiente para sobrevivir, pero nunca lograba prosperar. Murió agotado, dejando poco más que deudas.

Otro hombre, con la misma situación inicial, decidió crear un producto digital que podía venderse miles de veces. Al inicio ganaba menos que el primero, pero con el tiempo su producto escaló. Años después, vivía libre, viendo cómo su creación generaba ingresos mientras él pasaba tiempo con su familia.

Ambos trabajaron duro. La diferencia fue el **multiplicador**.

JURAMENTO DEL MULTIPLICADOR

Haz este compromiso contigo mismo:

"Nunca más intercambiaré solo tiempo por dinero.

Cada acción que haga será semilla, no consumo.
Cada esfuerzo que invierta tendrá el poder de multiplicarse.
Mi tiempo es sagrado.
Mi riqueza es infinita."
— **Edgar Hernández**
El Código Prohibido del Millón

6

CORTAR LAS FUGAS DE ENERGÍA Y DINERO

"No importa cuánto ganes... si no controlas las fugas, siempre vivirás como si tu bolsillo tuviera un agujero invisible."

La Vasija Rota

Imagina que cada dólar que ganas es como agua vertida en una vasija. No importa cuántos litros viertas, si la vasija tiene grietas, el agua se escapa antes de que puedas beberla. Esa es la realidad de millones: **no son pobres porque no generan... son pobres porque no retienen.**

Las fugas de dinero y energía son las asesinas silenciosas de tu libertad financiera. No hacen ruido. No se sienten hasta que es demasiado tarde. Se disfrazan de gastos pequeños, hábitos aparentemente "inofensivos", decisiones impulsivas o compromisos sociales que absorben tu tiempo y motivación sin darte retorno alguno.

La mayoría cree que la solución está en ganar más. Pero eso es como llenar un barco con más pasajeros cuando tiene un agujero en el casco: el hundimiento será inevitable... solo que ahora más rápido.

Tipos de Fugas Más Comunes

1 Fugas Financieras Invisibles

◦ Suscripciones olvidadas.

◦ Intereses por pagos atrasados.

◦ Compras emocionales disfrazadas de *"me lo merezco"*.

2 Fugas de Energía Mental

◦ Proyectos sin retorno real.

◦ Personas que drenan tu motivación.

◦ Preocupaciones que ocupan tu mente sin aportar soluciones.

3 Fugas de Tiempo (la peor de todas)

◦ Actividades repetitivas que podrías delegar o automatizar.

◦ Reuniones, llamadas o compromisos sociales que no suman a tus objetivos.

Historia: El Rey con Bolsillos Rotos

Cuenta una leyenda que un rey descubrió que, a pesar de recaudar más impuestos cada año, su tesoro siempre estaba vacío. Sospechó de sus contadores, de sus soldados, de sus ministros. Hasta que un sabio le mostró que la verdadera pérdida no estaba en los enemigos externos, sino en los **pequeños agujeros invisibles de sus arcas**, donde las monedas se escurrían poco a poco.

El rey aprendió tarde la lección: no es la abundancia lo que asegura la riqueza, sino la capacidad de proteger lo que ya posees.

Profundización Psicológica

El cerebro humano tiene un sesgo peligroso: la **anestesia gradual.**

• Si pierdes $1,000 de golpe, lo notas y actúas.

• Pero si pierdes $10 cada día, tu mente lo ignora... hasta que el daño es irreversible.

Por eso las fugas pequeñas son más peligrosas que los grandes gastos: no las percibes. Son como un veneno lento que te mata gota a gota.

Los ricos lo saben. Ellos no solo piensan en **cómo ganar más**, piensan obsesivamente en **cómo evitar perder lo que ya tienen.**

Su filosofía es clara: **proteger el flujo es más importante que aumentarlo.**

En términos energéticos, cada fuga es como un archivo abierto en la computadora de tu mente: consume recursos, ralentiza tu sistema y no te deja procesar nuevas oportunidades.

El Arte de Sellar Grietas

1 Conciencia Radical

Examina tu flujo de ingresos y egresos como un cirujano busca una hemorragia interna. No dejes nada fuera.

2 Eliminación Quirúrgica

No recortes lo que te da placer real, recorta lo que no te da retorno. Diferencia entre gasto inútil y disfrute consciente.

3 Automatización de Control

Configura alertas, recordatorios y sistemas que te avisen de cualquier gasto recurrente o improductivo.

4 Protección Energética

Aprende a decir “no” sin culpa a personas, proyectos o actividades que no sumen a tu visión de libertad.

. . .

Parábola: El Barco y el Agujero

Un marinero orgulloso pasaba el día remando con fuerza, convencido de que llegaría a tierra más rápido que nadie. Su barco, sin embargo, tenía un pequeño agujero en la base. Por más que se esforzaba, cada hora estaba más hundido. El marinero murió cansado... no porque no remara lo suficiente, sino porque nunca reparó la fuga.

Así vive la mayoría: remando fuerte en barcos que se hunden. La verdadera sabiduría no es remar más, sino **sellar el agujero.**

Culminación Emocional

La libertad financiera no se mide solo en lo que ganas... sino en lo que eres capaz de **guardar, multiplicar y proteger**.

Cuando sellas todas las fugas, cada dólar, cada hora y cada gramo de tu energía se convierten en un ejército que trabaja para ti. Ese es el momento en que pasas de sobrevivir a **construir un imperio.**

Ritual / Acción Concreta — Marco Inspired

1 Durante 7 días, registra cada gasto y cada compromiso de tiempo que tengas.

2 Marca en rojo las cosas que no generan retorno o satisfacción real.

3 Haz una lista de 10 fugas y diseña un plan inmediato para cerrarlas.

4 Implementa un control semanal de flujo para evitar que se abran nuevas grietas.

5 Recuerda: cada fuga cerrada es un paso más hacia tu millón invisible.

. . .

Juramento de Protección

"A partir de hoy, cada dólar y cada hora serán soldados de mi imperio.

No permitiré que se escapen por grietas invisibles.

Protegeré mi energía y mi dinero como el guardián de una fortaleza.

Porque cada fuga cerrada es una victoria en el camino a mi libertad."

— **Edgar Hernández**

El Código Prohibido del Millón

PARTE III

EL CÓDIGO ESTRATÉGICO

"La riqueza no es solo una cuestión de mentalidad... es el resultado de movimientos precisos hechos en el orden correcto."

Estrategia vs. Impulso

La mentalidad da forma a la visión, pero la estrategia construye el puente. Muchos han despertado a la abundancia y han reprogramado su manera de pensar. Han roto cadenas internas, han descubierto que merecen más. Sin embargo, se quedan estancados en el terreno de los sueños porque carecen de lo que realmente mueve imperios: **una hoja de ruta que convierte visión en realidad.**

La historia está llena de soñadores que murieron con ideas brillantes en la cabeza... y de estrategas que construyeron reinos sobre esas mismas ideas. La diferencia nunca fue la pasión, ni la fuerza, ni la suerte. La diferencia fue la estrategia.

El general Sun Tzu lo dijo hace más de dos mil años: *"La estrategia sin táctica es el camino más lento hacia la victoria. La táctica sin estrategia es el ruido antes de la derrota."* En otras palabras: pensar en grande no basta, actuar sin plan te destruye, y solo quien une ambas dimensiones conquista.

La Disciplina del Movimiento Preciso

El **Código Estratégico** no es improvisación. Es la disciplina de ejecutar movimientos deliberados, en la secuencia correcta y con las herramientas adecuadas. Cada acción es un paso en un tablero mayor, como en una partida de ajedrez donde el jugador mediocre mueve por impulso, y el maestro mueve por cálculo.

La estrategia es el arte de **posicionarte**. No se trata de cuánto corres ni cuánto luchas, sino de dónde estás colocado en el tablero de la vida. Porque en ese tablero, incluso el peón más débil puede llegar a ser reina si sabe seguir el camino correcto.

Tres Principios del Código Estratégico

1 Apalancamiento — No todos los movimientos valen lo mismo. Hay acciones que parecen pequeñas, pero producen resultados gigantescos. La clave está en identificar esos puntos de palanca.

◦ Ejemplo: un empresario que automatiza un proceso multiplica su tiempo de por vida.

◦ Filosofía: Arquímedes dijo: *"Dadme un punto de apoyo y moveré el mundo."* Eso es apalancamiento.

2 Secuencia — El orden importa. Hacer lo correcto en el momento equivocado es igual a fracasar. Cada acción debe alimentar a la siguiente, como un río que fluye en una sola dirección.

◦ Ejemplo: antes de invertir, debes construir flujo de efectivo estable; antes de expandirte, debes dominar lo básico.

◦ Filosofía: Marco Aurelio enseñaba que todo en la naturaleza sigue un orden, y resistirse a él es luchar contra el universo mismo.

3 **Estructura** — La riqueza no se improvisa, se edifica. Una estructura sólida permite que el riesgo esté calculado y que el crecimiento sea inevitable.

◦ Ejemplo: quien crea múltiples fuentes de ingresos sobre una base débil está condenado; quien crea una sola fuente robusta, puede multiplicarla sin colapsar.

◦ Filosofía: los romanos construyeron caminos que aún perduran porque su estrategia era estructura, no velocidad.

De la Teoría a la Ejecución

Soñar es fácil. Planear es común. Ejecutar con precisión es lo que separa a los constructores de los espectadores.

Pasarás de la teoría a la ejecución cuando aprendas a ver el dinero no como billetes, sino como **energía que se canaliza.** Y canalizarla requiere diseño. No basta con pensar en abundancia: debes mover piezas. No basta con sentirte merecedor: debes crear sistemas que sostengan tu grandeza.

Aquí aprenderás a:

• Identificar los puntos de apalancamiento que producen los mayores resultados con el menor esfuerzo.

• Secuenciar tus acciones para que cada una alimente a la siguiente.

• Construir una estructura donde el riesgo esté calculado y el crecimiento sea inevitable.

Una Historia de Estrategia

En 216 a.C., durante la Segunda Guerra Púnica, el general cartaginés Aníbal enfrentó al ejército romano en la batalla de Cannas. Los romanos tenían más hombres, más armas y más confianza. Sin embargo, Aníbal aplicó un movimiento estratégico impecable: fingió debilidad en el centro de su ejército, atrayendo a los romanos hacia dentro. Cuando estaban rodeados, los destruyó desde todos los flancos.

La lección: no gana el más fuerte ni el más rápido, gana el que piensa con inteligencia y ejecuta con precisión. Así mismo, en el juego de la riqueza, los que actúan sin estrategia trabajan como los romanos: con fuerza bruta y sin dirección. Y los que entienden el Código Estratégico juegan como Aníbal: con menos esfuerzo, más precisión y victorias inevitables.

Filosofía del Movimiento

El filósofo Nietzsche escribió: *"Quien tiene un porqué, soporta casi cualquier cómo."* La mentalidad es ese "porqué". Pero lo que Nietzsche no dijo, y que tú debes aprender, es que el **cómo** debe ser ejecutado estratégicamente. Sin estrategia, el porqué se diluye en frustración.

Ejercicio: El Tablero de la Estrategia

1 Haz una lista de tus metas financieras para los próximos 5 años.

2 Pregúntate: ¿Qué movimiento previo debe ocurrir para que esta meta sea posible?

3 Ordena los pasos de atrás hacia adelante, como si ya hubieras llegado.

4 Elimina cualquier acción que no impulse directamente el siguiente paso.

Este simple ejercicio crea un **mapa estratégico** donde cada acción se convierte en un puente, no en una distracción.

El Juego Real de la Riqueza

El éxito en el juego real de la riqueza no es para el más rápido ni para el más fuerte. La historia está llena de hombres veloces que se agotaron antes de llegar, y de hombres poderosos que fueron vencidos por su propia arrogancia.

El éxito es para quien juega con mayor inteligencia. Para quien se atreve a pensar como general, no como soldado. Para quien entiende que cada movimiento es parte de una sinfonía mayor.

Conclusión: El Puente Inquebrantable

La mentalidad es la chispa. La estrategia es el puente. Sin chispa no hay fuego, pero sin puente no hay destino.

El **Código Estratégico** es tu manual para dejar de vivir como soñador y comenzar a vivir como constructor. Porque en el tablero de la abundancia, solo hay dos tipos de jugadores: los que mueven por impulso... y los que diseñan imperios.

La pregunta es: ¿de qué lado quieres estar?

7

ACTIVOS QUE COMPRAN TU LIBERTAD

"Un activo no es lo que posees... es lo que trabaja para ti cuando duermes."

La Gran Confusión

La mayoría confunde riqueza con acumulación. Creen que tener más cosas, más propiedades o más dinero en la cuenta equivale a ser rico. Error.

La verdadera libertad financiera no se mide en lo que posees, sino en lo que posees que **te devuelve más de lo que te costó.** Un coche nuevo no es riqueza: es un gasto que se deprecia. Un reloj de lujo no es riqueza: es un trofeo que pierde valor con el tiempo.

Un activo, en cambio, es un soldado que lucha por ti en el campo de batalla económico mientras duermes, descansas o creas nuevos proyectos.

El Concepto Invisible que Separa a Ricos de Pobres

Los pobres trabajan por dinero.

La clase media trabaja por un mejor sueldo.

Los ricos trabajan para **comprar activos** que trabajen por ellos.

Robert Kiyosaki lo resumió: *"La diferencia no está en cuánto ganas, sino en qué haces con lo que ganas."*

Pero aquí iremos más lejos: no solo te diré qué es un activo, sino cuáles son los **activos capaces de comprarte tu libertad en tiempo récord.**

Tres Tipos de Activos que Multiplican tu Libertad

1 Activos de Flujo Constante (Cash Flow Assets)

◦ Propiedades en renta.

◦ Negocios en línea automatizados.

◦ Inversiones que pagan dividendos periódicos.

Objetivo: ingresos mensuales que cubran tus gastos sin que muevas un dedo.

2 Activos de Crecimiento Acelerado (Growth Assets)

◦ Acciones de empresas sólidas con potencial de apreciación.

◦ Equity en startups con visión a largo plazo.

◦ Criptoactivos estratégicos (gestionados con inteligencia y control de riesgo).

Objetivo: aumentar tu patrimonio sin necesidad de liquidar tus activos de flujo.

3 Activos Intelectuales y de Marca Personal

◦ Libros, cursos y licencias de propiedad intelectual.

◦ Marcas registradas y derechos de autor.

◦ Comunidades o audiencias propias.

Objetivo: ingresos residuales por ideas y creaciones que hiciste una sola vez.

. . .

Historia: El Comerciante de Babilonia

En "El hombre más rico de Babilonia", un comerciante pobre recibe este consejo: *"Un esclavo trabaja para su amo. Haz que tu oro trabaje para ti, y serás libre."*

El comerciante obedeció: en lugar de gastar sus primeras monedas en lujos, las invirtió en negocios y tierras. Décadas después, mientras otros envejecían esclavos del salario, él tenía un ejército de activos trabajando día y noche.

La lección sigue viva: **la libertad no la compran los lujos, la compran los activos.**

Profundización Psicológica

Tu mente está programada para la gratificación inmediata. Por eso, cuando recibes dinero, lo primero que piensas es en gastarlo: coche, ropa, viajes, objetos que se evaporan.

El salto mental es este:

Cada vez que quieras gastar en algo que no te dará retorno, primero compra un activo que lo pague por ti.

Ejemplo:

¿Quieres un coche nuevo de $50,000?

En lugar de endeudarte, compra un activo que te genere la cuota mensual del coche. Que lo pague tu sistema, no tu tiempo de vida.

Filosofía del Multiplicador

Los ricos no se obsesionan con el lujo inmediato. Se obsesionan con crear **estructuras que paguen sus lujos.**

La diferencia es sutil, pero lo cambia todo: el pobre compra cosas, el rico compra libertad.

El Método Inspired para Adquirir Activos

1 Mapeo de Recursos Actuales

Lista de ingresos, ahorros, habilidades y contactos.

2 Selección de Activos Prioritarios

Empieza por los de flujo constante. Si cubres tus gastos básicos, ya eres libre.

3 Adquisición Escalonada

Primero los más accesibles, luego los más potentes. Construye ladrillo sobre ladrillo.

4 Blindaje del Activo

Sistema de mantenimiento, delegación y protección legal. No basta con tenerlo, hay que defenderlo.

5 Reinversión del Flujo

Nunca gastes tu ingreso pasivo inicial. Réplicalo en nuevos activos hasta que tu ejército sea imparable.

Metáfora: **El Ejército Invisible**

Cada activo es un soldado.

Un soldado solo no gana la guerra.

Pero cuando tienes un ejército de activos bien entrenados, tu libertad está asegurada.

Mientras trabajas, ellos luchan.

Mientras descansas, ellos avanzan.

Mientras envejeces, ellos permanecen.

Culminación **Emocional**

El objetivo final no es que trabajes menos. El objetivo es que trabajes **porque quieres, no porque debes.**

Cuando tus activos producen más de lo que necesitas para vivir, entras en un territorio sagrado: el territorio donde tus decisiones ya no se basan en miedo, necesidad o presión... sino en **poder, elección y visión.**

. . .

Ritual / Acción Concreta — Marco Inspired

1 Haz una lista de 3 activos que podrías adquirir este año.

2 Define el flujo mensual que quieres que cada uno te genere.

3 Asigna una fecha exacta para adquirir el primero.

4 Visualiza diariamente tu vida financiada 100% por tus activos.

5 Repite este mantra: *"Yo no compro cosas... compro libertad."*

Juramento de los Activos

"Cada dólar que poseo será un soldado.
No gastaré mi ejército en batallas inútiles.
Construiré un ejército de activos tan fuerte,
que compre mi libertad todos los días de mi vida."

— **Edgar Hernández**

El Código Prohibido del Millón

8

EL PRINCIPIO DE LA RENTA AUTOMÁTICA

"Si tienes que trabajar para cobrar... todavía no eres libre."

La Cárcel Invisible

La mayoría de las personas siguen atrapadas en un ciclo letal:

Trabajo → Pago → Gasto → Repetir.

Ese patrón es la cárcel más grande de la humanidad. Lo peor es que está tan normalizado que casi nadie lo cuestiona. Creciste escuchando frases como:

- *"Consigue un buen empleo y serás seguro."*
- *"Trabaja duro, te lo pagarán."*
- *"El dinero solo llega si sudas por él."*

Y sin darte cuenta, caíste en la rueda de hámster donde corres sin avanzar.

La renta automática rompe esas cadenas. Significa que el dinero entra de forma constante, predecible y sin que tu tiempo de vida sea el costo directo. Es la transición de ser **esclavo de tu agenda** a ser **dueño de tu flujo.**

. . .

IMAGINA el Nuevo Juego

Imagina despertar un lunes y ver que tu cuenta bancaria creció mientras dormías. Que el mensaje que más esperas cada mes no sea: *"Necesitamos que vengas a trabajar extra"*, sino: *"Se ha depositado tu pago mensual"*.

Eso no es un sueño: es un sistema.

Los ricos no se obsesionan con "trabajar más", se obsesionan con **construir tuberías invisibles** que llevan dinero hacia ellos, día y noche.

EL ERROR Mental que Destruye la Libertad

La sociedad te entrenó para pensar que la única forma legítima de ganar dinero es intercambiando horas por billetes.

Pero los ricos piensan al revés: **diseñan sistemas que siguen trabajando cuando ellos no están presentes.**

Si tu ingreso depende al 100% de tu presencia física o mental, no tienes un negocio: tienes un empleo con peor jefe... tú mismo.

HISTORIA: El Molino que Nunca Se Apaga

Un campesino construyó un molino de agua. Al inicio invirtió semanas de esfuerzo: diseñar el canal, colocar la rueda, ajustar la corriente. Sus vecinos lo miraban y se burlaban: *"Pierdes el tiempo, deberías estar cosechando como nosotros."*

Meses después, mientras los demás seguían trabajando de sol a sol, el molino giraba solo, generando grano día y noche. Ese molino fue su renta automática: esfuerzo inicial, flujo constante.

El campesino dejó de trabajar por horas y comenzó a

trabajar por sistemas. Esa es la diferencia entre sobrevivir y liberarse.

Los 3 Pilares de la Renta Automática

1 Automatización

◦ Delegar tareas repetitivas a tecnología o personas.

◦ Usar plataformas que cobren, entreguen y den seguimiento sin tu intervención.

◦ Ejemplo: una tienda en línea con pagos automáticos y envío tercerizado.

2 Predecibilidad

◦ Modelos de suscripción: membresías, servicios recurrentes, licencias de uso.

◦ Contratos de largo plazo que aseguren flujo mensual.

◦ Ejemplo: un software bajo suscripción que cobra cada mes.

3 Escalabilidad

◦ Capacidad de servir a más personas sin que aumenten tus horas de trabajo.

◦ Ejemplo: cursos digitales, libros, inversiones inmobiliarias administradas.

Profundización Psicológica

El ser humano busca seguridad. Y la mayor ironía es que, mientras crees que un salario fijo te da seguridad, en realidad es el mayor riesgo. Porque depende de una sola fuente... que no controlas.

La renta automática es **seguridad real**:

• Te da ingresos incluso si estás enfermo.

• Te permite decir no a trabajos o clientes tóxicos.

• Te libera para planificar proyectos a largo plazo sin miedo a quedarte sin dinero.

El secreto está en construir la primera fuente automática y no parar hasta tener varias. Porque un solo caño puede cerrarse, pero un río con múltiples afluentes es imparable.

Metáfora: Las Tuberías Invisibles

Piensa en tu vida como una casa. El trabajador promedio carga cubetas de agua todos los días para llenar su cisterna. Si un día no carga, no hay agua.

El arquitecto financiero, en cambio, construye tuberías que llevan agua constante desde el río hasta su casa. Invirtió tiempo en cavar y diseñar, pero una vez terminadas, el agua nunca deja de fluir.

Eso es la renta automática: dejar de cargar cubetas y empezar a construir tuberías invisibles.

El Método Inspired para Crear Renta Automática

1 **Detecta** lo que ya puedes automatizar hoy.

2 **Elige** un modelo de ingreso recurrente adaptado a tu mercado.

3 **Invierte** tiempo inicial en crear el sistema (no busques resultados instantáneos).

4 **Conecta** el sistema a una fuente de tráfico constante (publicidad, redes, afiliados).

5 **Monitorea y ajusta** cada mes para aumentar conversión y retención.

Ejemplo Moderno

- Netflix no te cobra por película: te cobra cada mes sin importar cuántas veas.
- Amazon no gana por vender un libro: gana porque millones pagan su suscripción Prime cada año.

• Un autor que publica un libro digital no gana una vez: gana cada vez que alguien en el mundo lo descarga, mientras él duerme.

La renta automática ya gobierna el mundo. La pregunta es: ¿serás consumidor de esos sistemas… o creador de los tuyos?

Culminación Emocional

La renta automática no solo paga tus cuentas: **paga tu libertad mental.**

Te permite vivir en **modo creador**, no en modo sobreviviente.

Te devuelve el control del tiempo.

Convierte el paso de los meses en tu aliado, porque cada mes que pasa sin que trabajes por ese ingreso, tu sistema se vuelve más valioso.

El día que tu renta automática cubra el 100% de tus gastos, habrás cruzado una frontera invisible:

Ya no trabajas por dinero… el dinero trabaja por ti.

Ritual / Acción Concreta — Marco Inspired

1 Escribe tu gasto mensual total.

2 Define cuánto ingreso automático necesitas para cubrirlo.

3 Elige el modelo más rápido que puedas implementar en 90 días.

4 Dedica al menos 1 hora diaria a construirlo.

5 Repite este mantra: *"Yo no busco dinero… construyo ríos que fluyen hacia mí."*

Juramento de la Renta Automática

"No viviré cargando cubetas.

Construiré tuberías invisibles que fluyan día y noche.

Mi libertad no depende de mi sudor,

sino de los sistemas que diseño para que el dinero fluya hacia mí eternamente."

— **Edgar Hernández**

El Código Prohibido del Millón

9

EL EFECTO ESCALERA

"Subir sin estrategia es la forma más rápida de caer."

El Dinero como Escalera

El dinero es como una escalera.

• Si subes demasiado rápido sin estar preparado, pierdes el equilibrio y caes.

• Si subes demasiado lento, te atascas en los primeros peldaños y ves cómo otros alcanzan el techo.

El **Efecto Escalera** es el arte de avanzar financieramente a la velocidad que tu mente y tu sistema pueden sostener, sin arriesgar lo que ya construiste. Porque la verdadera libertad no está en llegar rápido... sino en **llegar para quedarse.**

La Trampa de los "Saltos"

Vivimos en una cultura obsesionada con los saltos espectaculares:

• La inversión que se multiplica de la noche a la mañana.

- El negocio viral que promete millones en semanas.
- El cliente millonario que aparece como caído del cielo.

El problema es que cuando no tienes la **estructura mental y estratégica** para sostener ese crecimiento, el mismo éxito que te eleva... te aplasta.

Por eso tantas personas que ganan fortunas en poco tiempo terminan perdiéndolo todo. La riqueza sin fundamento es como una escalera apoyada en un muro falso: se derrumba en cuanto subes.

Historia: El Castillo de Arena

Un joven heredó una fortuna inesperada. En lugar de construir cimientos, se lanzó a comprar casas, coches, lujos y fiestas. Durante un tiempo, su vida fue un espectáculo de ascenso meteórico. Pero como su riqueza era un castillo de arena sin estructura, en pocos años lo perdió todo.

Otro joven, en cambio, comenzó con poco. Construyó un negocio modesto, reinvirtió, diversificó y subió peldaño por peldaño. No fue tan rápido, pero 20 años después, mientras el primero se hundía en deudas, él tenía un imperio sólido.

La moraleja es clara: **los castillos de arena se derrumban, las escaleras firmes permanecen.**

Los 4 Niveles del Efecto Escalera

1 Fundación (Peldaños 1 a 3)

◦ Control total de gastos.
◦ Primer fondo de emergencia.
◦ Eliminación de deudas de alto interés.

2 Construcción (Peldaños 4 a 6)

◦ Creación de la primera fuente de ingresos automáticos.
◦ Inversión inicial en activos de bajo riesgo.

◦ Hábito de reinvertir un porcentaje fijo de todo lo que ganas.

3 Escalamiento (Peldaños 7 a 9)

◦ Diversificación de fuentes de ingresos.

◦ Inversiones de mayor rendimiento.

◦ Construcción de una red de contactos que abre nuevas oportunidades.

4 Maestría (Peldaños 10 y más)

◦ Optimización del sistema para que requiera mínima intervención tuya.

◦ Creación de impacto: proyectos filantrópicos o de legado.

◦ Expansión internacional o de mercados.

PROFUNDIZACIÓN **Psicológica**

El Efecto Escalera obliga a romper el **ego financiero.** Tu mayor enemigo no es la falta de dinero... es la impaciencia.

Los millonarios que se mantienen no se obsesionan con llegar primero, sino con nunca tener que bajar. Cada peldaño debe convertirse en tu **nueva base estable** antes de intentar el siguiente.

Eso significa:

- Dominar tu flujo de efectivo.
- Automatizar lo que puedas.
- Blindar lo que ya tienes.

La pregunta no es: *"¿Puedo subir más rápido?"*, sino: *"¿Resistiré si me quedo aquí más tiempo?"*.

METÁFORA: **El Montañista y la Escalera**

Un montañista apresurado puede escalar demasiado rápido y caer en segundos. El montañista sabio avanza firme, asegurando cada paso antes de dar el siguiente. Tarda más, pero llega vivo a la cima.

Tu riqueza funciona igual: no se trata de velocidad, se trata de resistencia.

Estrategia Inspired **para Aplicar el Efecto Escalera**

1 **Evalúa tu peldaño actual** con brutal honestidad.

2 **Estabiliza tu base** antes de moverte: no avances con deudas tóxicas o ingresos frágiles.

3 **Planifica el siguiente peldaño** con una sola prioridad clara (no intentes saltar tres de golpe).

4 **Mide la resistencia**: si un imprevisto te hace retroceder, no estabas listo para el siguiente nivel.

5 **Celebra cada peldaño**, pero nunca te acomodes: el confort es el enemigo del ascenso.

Culminación **Emocional**

El Efecto Escalera es **paciencia armada.** Es la forma en que pasas de una vida de incertidumbre a una de crecimiento continuo, sólido y seguro.

Imagina mirar hacia abajo y ver lo lejos que has llegado, sabiendo que cada paso fue firme, que nada ni nadie puede derrumbar lo que construiste.

Esa es la verdadera riqueza: **la que no teme a la altura.**

Ritual / **Acción Concreta — Marco Inspired**

1 Dibuja tu escalera financiera con los peldaños descritos.

2 Marca dónde estás hoy.

3 Escribe qué necesitas para consolidar ese peldaño.

4 Define la acción más importante para subir al siguiente.

5 Repite este mantra:

"Subo firme. Subo seguro. Subo para quedarme."

. . .

Juramento del Escalador

"No daré saltos que me derrumben.

No subiré más rápido de lo que mi mente y mi sistema soporten.

Cada peldaño será una victoria consolidada.

Y cuando llegue a la cima, permaneceré, porque mi escalera es indestructible."

— **Edgar Hernández**

El Código Prohibido del Millón

PARTE IV

LA FÓRMULA DEL MILLÓN INVISIBLE

"La libertad no es el final del camino... es la plataforma de lanzamiento hacia algo más grande."

La Falsa Meta

Alcanzar la libertad financiera no es la meta final. Muchos creen que lo es, y por eso se detienen apenas logran pagar sus cuentas, generar ingresos estables y construir cierta seguridad. Piensan: *"Ya llegué, ya puedo descansar"*. Pero esa es la gran trampa: detenerte en la estación intermedia cuando en realidad apenas estás en el inicio del verdadero viaje.

La libertad financiera no es un destino. Es una **plataforma de lanzamiento.** Es la pista de despegue desde la cual puedes empezar a volar hacia algo mucho más grande: expansión, influencia, legado.

. . .

La Base y el Despegue

Hasta esta etapa, tu enfoque ha sido construir estabilidad, crear sistemas, proteger tus activos y liberarte de las cadenas del trabajo forzado. Has salido de la jaula. Pero ahora llega el momento en que debes tomar esa base sólida y proyectarla hacia afuera: **expandir tu influencia, tus ingresos y tu impacto.**

La expansión no es un lujo. Es la ley natural de todo lo que está vivo. Los árboles no dejan de crecer porque alcanzaron cierta altura; buscan la luz y extienden sus ramas. Las estrellas no dejan de arder; expanden su energía hasta que iluminan galaxias enteras. Así mismo, el ser humano que alcanza la libertad tiene el deber y el instinto de expandirse.

El Arte de Amplificar

La expansión no significa crecer de manera imprudente, como un fuego que se consume a sí mismo. Significa **amplificar estratégicamente.** Es tomar lo que ya funciona y multiplicarlo. Es abrir nuevos mercados, escalar tu marca, construir estructuras que trasciendan tu propia vida.

- **Amplificar** lo que ya da resultados.
- **Diversificar** para no depender de una sola fuente.
- **Escalar** de lo individual a lo colectivo.

El Imperio Romano no se construyó conquistando sin orden; se expandió porque cada territorio nuevo alimentaba al siguiente. Esa es la clave: expansión estratégica, no expansión caótica.

Los Tres Pilares de la Expansión

1 Oportunidades Exponenciales

Aprenderás a identificar oportunidades de crecimiento que

multiplican resultados sin desestabilizar la base. Es la diferencia entre un castillo de arena y una catedral de piedra.

2 Escalar Más Allá de los Límites

Escalar tu marca, tu negocio, tus inversiones. Significa dejar de pensar como individuo y comenzar a pensar como institución. El día que tu nombre se convierte en marca, tu negocio en sistema y tus inversiones en redes, dejas de ser persona y te conviertes en movimiento.

3 Del Éxito al Legado

El éxito personal es apenas la chispa. La expansión consiste en convertir esa chispa en fuego que ilumine a otros. Transformar riqueza en legado. Dejar una huella que perdure más allá de tu vida.

Filosofía de la Expansión

El estoico Marco Aurelio decía: *"Lo que no es útil para la colmena, no es útil para la abeja."* La verdadera expansión no es egoísta; es colectiva. Tu abundancia alcanza su máximo sentido cuando impacta vidas más allá de la tuya.

En contraste, quienes confunden expansión con acumulación caen en la trampa de la codicia. Crecen de manera desordenada, y su imperio se derrumba desde dentro. La historia está llena de ejemplos: reyes que conquistaron medio mundo pero nunca supieron consolidar, empresas que dominaron el mercado pero no supieron adaptarse.

La verdadera expansión es sabia. Es sustentable. Y sobre todo, es trascendente.

Historia de la Expansión Real

Piensa en Alejandro Magno. Conquistó territorios inmensos en pocos años. Pero su mayor legado no fueron solo sus victorias militares, sino el impacto cultural que dejó: ciudades fundadas, ideas difundidas, conexiones entre civilizaciones. Su expansión no fue solo territorial, fue cultural.

Lo mismo ocurre con la riqueza: la expansión no es solo sumar ceros en una cuenta, sino **sembrar semillas que trascienden generaciones.**

Ejercicio: El Plan de Expansión Personal

1 Haz una lista de las áreas de tu vida donde ya alcanzaste libertad (finanzas, tiempo, relaciones).

2 Pregúntate: ¿Qué parte de esto puedo amplificar? ¿Qué puedo multiplicar sin destruir mi base?

3 Define tres acciones concretas que lleven tu impacto más allá de ti: mentoría, creación de empleos, proyectos sociales, educación.

4 Escríbelas como compromisos, no como ideas.

La Medida de la Abundancia

La verdadera abundancia no se mide solo por lo que ganas. Se mide por lo lejos que llega tu alcance y por cuántas vidas transformas en el proceso.

Un hombre rico que solo acumula es un prisionero de su codicia. Un hombre abundante que expande su influencia es un constructor de futuro.

Por eso, la expansión no es opcional. Es el llamado natural de todo aquel que ha conquistado la libertad: **usar esa libertad como combustible para algo más grande que sí mismo.**

Conclusión: El Legado

El Código de la Expansión no es solo una estrategia financiera. Es un cambio de identidad. Dejas de ser individuo para convertirte en arquitecto de futuro. Dejas de perseguir riqueza para empezar a crear legado.

El día que comprendas esto, tu vida dejará de medirse en logros personales y comenzará a medirse en impacto colectivo.

La libertad no es el final del camino. Es apenas la pista de lanzamiento. Y tú estás a punto de despegar.

10

ALIANZAS QUE IMPRIMEN DINERO

"Solo puedes ir rápido... pero acompañado llegas a donde nadie más puede."

En el juego de la riqueza, hay una verdad que el 99% subestima: **no se trata solo de lo que sabes, sino de con quién lo sabes.**

Las alianzas estratégicas son como máquinas de impresión de dinero: multiplican tus oportunidades, aceleran tu avance y te colocan en ligas que jamás podrías alcanzar solo.

Un socio correcto puede abrirte una puerta que habría tardado 10 años en aparecer.

Un mentor puede ahorrarte una década de errores.

Un cliente poderoso puede financiar tu expansión sin que pongas un centavo propio.

La mayoría de las personas vive con la mentalidad de "yo contra el mundo".

Los ricos juegan otro juego: **"quién conmigo contra el mundo"**.

. . .

El poder invisible de las alianzas

Cuando te conectas con personas que ya tienen lo que buscas —capital, influencia, experiencia o acceso— no solo aceleras tu camino, sino que heredas su credibilidad y su red de contactos.

Esto es exponencial: **una conexión correcta puede transformar toda tu ecuación financiera.**

Ejemplos:

• El empresario que invierte en tu idea y te abre mercados.

• El socio que pone la infraestructura mientras tú pones la estrategia.

• La marca que se asocia contigo para lanzar un producto conjunto.

Las 3 Leyes de una alianza millonaria

o. Intercambio de valor real

No busques solo lo que puedes recibir. Llega con algo que ellos no tengan y que sea indispensable para sus objetivos.

o. Credibilidad transferida

Si ellos te presentan, su reputación te respalda. Cuídala como si fuera tuya.

o. Ganancia mutua escalable

Una alianza que solo beneficia a uno muere rápido. El secreto es que ambos ganen más a medida que crecen.

Profundización psicológica

Las alianzas que imprimen dinero no se construyen en una conversación... se construyen en **confianza.**

Y la confianza se gana mostrando resultados consistentes, integridad y visión a largo plazo.

El rico que ves moviendo millones no empezó firmando contratos, empezó tomando cafés, preguntando, aportando, resolviendo problemas y dejando claro que es alguien con quien vale la pena caminar.

Tu mente debe dejar de ver a otros como competencia y empezar a verlos como multiplicadores.

Si eliges bien, un solo socio puede duplicar tu patrimonio... o destruirlo. Por eso, **tu radar para detectar intenciones es tan importante como tu plan de negocios.**

Estrategia Inspired **para crear alianzas millonarias**

o. **Haz tu mapa de influencia:** lista personas o empresas clave en tu industria.

o. **Define tu moneda de valor:** ¿qué tienes que ofrecer que otros necesiten urgentemente?

o. **Acércate aportando, no pidiendo:** muestra que eres un activo, no un gasto.

o. **Formaliza con acuerdos claros:** nada destruye más rápido que la ambigüedad.

o. **Mantén la relación viva:** no solo aparezcas cuando necesites algo.

Culminación **emocional**

Las alianzas son como cohetes: si eliges el combustible correcto, te llevan a alturas imposibles.

Pero si te unes a quien no comparte tu visión, el estallido puede ser devastador.

El éxito más grande que puedes construir no se mide solo en dinero... sino en la red de manos que podrían levantarte incluso si todo lo demás desapareciera.

. . .

Ritual / Acción concreta (Marco Inspired)

o. Escribe 5 nombres de personas con las que te gustaría asociarte en los próximos 12 meses.

o. Anota qué valor concreto puedes aportarles.

o. Diseña un primer acercamiento estratégico (puede ser colaborativo, no comercial).

o. Contacta a la primera persona esta semana.

o. Repite: *"Me asocio con los que me elevan. Me convierto en alguien imposible de ignorar."*

— Edgar Hernández
El Código Prohibido del Millón

11

ESCALAR SIN ROMPERTE

"S*i crecer te destruye, no es éxito... es una trampa."*

UNO DE LOS errores más letales en el juego financiero es **crecer demasiado rápido sin estructura.** Muchos han alcanzado ingresos impresionantes, solo para derrumbarse bajo el peso de una expansión mal planificada.

El verdadero millonario no solo sabe ganar dinero... sabe sostenerlo y multiplicarlo sin sacrificar su vida.

Escalar no es simplemente aumentar cifras; es **aumentar capacidad sin perder control.** La diferencia entre un negocio que crece y uno que se desploma está en la **arquitectura invisible:** procesos, equipo, sistemas y, sobre todo, mentalidad.

Imagina un edificio de 100 pisos construido sobre cimientos de una casa pequeña: tarde o temprano colapsa. Lo mismo ocurre con tus finanzas y negocios si expandes demasiado sin reforzar las bases.

. . .

EL SECRETO de los que crecen y no se rompen

- **Sistemas antes que volumen:** Los ricos crean máquinas que funcionan sin su presencia antes de pisar el acelerador.
- **Capacidad instalada:** No contratan cuando ya están ahogados… contratan antes, para estar listos cuando llegue la ola.
- **Estructuras modulares:** Diseñan su negocio para que pueda duplicarse en otra ciudad, país o nicho, sin reinventar todo desde cero.

LAS 4 LEYES de un crecimiento sano y explosivo

o. **Velocidad controlada**

Crecer demasiado rápido puede matarte. Crece lo suficientemente rápido para ser imparable, pero lo bastante lento para corregir en el camino.

o. **Protege tu energía personal**

La expansión no puede costarte tu salud ni tu mente. Si el negocio crece y tú te apagas, es insostenible.

o. **Reinversión estratégica**

No gastes las ganancias iniciales en lujos. Reinvierte en infraestructura, talento y tecnología.

o. **Multiplica desde el núcleo**

Escalar no es abrir mil frentes, es profundizar en lo que ya funciona y maximizarlo.

PROFUNDIZACIÓN psicológica

Muchos confunden ambición con adicción al trabajo.

La verdadera ambición sabe decir "no" a oportunidades que pueden dañar tu base.

Tienes que entrenar tu mente para diferenciar entre **crecer por ego** y **crecer por libertad.**

El millonario inteligente no compite para ser el más rápido… compite para ser el último en pie.

Entiende que su negocio es un vehículo para su estilo de vida, no una prisión dorada que lo consume.

Estrategia Inspired para escalar sin romperte

o. **Auditoría de capacidad:** Evalúa si tu equipo, procesos y tecnología soportan el doble de clientes o ventas.

o. **Plan de contingencia:** Define qué harás si la demanda se dispara un 300% mañana.

o. **Equipo clave:** Ten siempre a las personas correctas en las posiciones críticas antes de que sean urgentes.

o. **Automatización progresiva:** Cada vez que repitas una tarea más de 3 veces, busca cómo automatizarla.

o. **Rituales de control:** Semanalmente revisa cifras y estado emocional del equipo.

Culminación emocional

Escalar sin romperte es el arte de **crecer con inteligencia, no con ansiedad.**

Es saber que cada paso que das hacia arriba no te acerca al abismo, sino a una plataforma más estable y amplia desde donde ver el horizonte.

La expansión no debe sentirse como una carrera sin aire… debe sentirse como volar en un avión bien pilotado, donde cada metro ganado es seguro y cada turbulencia está bajo control.

Ritual / Acción concreta (Marco Inspired)

o. Escribe las 3 áreas que más sufrirían si mañana duplicas tu negocio.

o. Diseña un plan para reforzarlas en los próximos 90 días.

o. Programa una reunión semanal solo para hablar de escalabilidad y no del día a día.

o. Repite: *"Mi crecimiento es estable, sólido y me acerca a mi libertad. No corro, vuelo."*

— Edgar Hernández
El Código Prohibido del Millón

12

LA FÓRMULA DEL MILLÓN INVISIBLE

"El millón no es la meta... es el punto de partida."

AQUÍ NO ESTAMOS HABLANDO de suerte, de golpes de fortuna o de herencias inesperadas.

Estamos hablando de un **sistema replicable** que, cuando lo dominas, te lleva de donde estás hoy a una cifra que cambia las reglas del juego... y lo más importante: te enseña a multiplicarla.

El "millón invisible" no es solo dinero que aún no ves.

Es **el potencial no explotado de tu mente, tu red y tus recursos.** Es la suma de pequeñas decisiones estratégicas que, con el tiempo, generan un resultado tan grande que parece magia... pero no lo es. Es método, es disciplina, es visión.

LOS 3 PILARES de la Fórmula

0. Código Mental (Pensar como los que ya lo tienen)

Antes de que llegue el dinero, debe llegar la identidad de alguien que sabe manejarlo.

Si tu mente sigue operando en modo escasez, tu cuenta bancaria nunca romperá el techo invisible.

Los ricos no solo piensan en ganar, piensan en multiplicar, blindar y hacer que su dinero trabaje para ellos 24/7.

0. Código Estratégico (Sistemas que imprimen dinero)

No se trata de trabajar más... sino de tener **activos, alianzas y sistemas** que sigan generando incluso mientras duermes.

Esto implica ingresos pasivos, automatización y apalancamiento inteligente.

0. Código de Expansión (Escalar sin límites)

Una vez que llegas al millón, debes moverte como si fueras un gestor de fondos de ti mismo.

Reinvertir estratégicamente, abrir nuevas fuentes de ingresos y rodearte de personas que te obliguen a pensar más grande.

La fórmula en acción (Paso a paso)

Paso 1: Identifica tu núcleo rentable

Encuentra la actividad, producto o servicio que genera la mayor parte de tus ingresos y optimízalo al máximo antes de diversificar.

Paso 2: Duplica sin duplicarte

Usa tecnología, equipo y sistemas para escalar el núcleo sin que tú tengas que multiplicar tu tiempo.

Paso 3: Crea flujos pasivos estratégicos

Invierte en activos que produzcan ingreso constante: bienes raíces, negocios automatizados, licencias, regalías.

Paso 4: Blindaje y multiplicación

Protege tus ganancias contra pérdidas tontas, impuestos mal gestionados y gastos impulsivos.

Reinvierte con visión a 3-5 años.

Paso 5: Expansión global y legado
Lleva tu fórmula a otros mercados, idiomas y plataformas.
Convierte tu marca en algo que viva más allá de ti.

PROFUNDIZACIÓN psicológica

El millón no te hace libre por sí solo.

Lo que te hace libre es **la capacidad de generarlo una y otra vez.** Esa es la diferencia entre el que tuvo suerte una vez y el que es verdaderamente rico.

La gente común gasta el millón en vivir un sueño pasajero.

El arquitecto financiero lo usa para construir un sistema que le pague ese sueño todos los meses.

Cuando comprendes esto, dejas de perseguir la meta y empiezas a vivir desde la identidad de quien ya es libre.

CULMINACIÓN emocional

Llegar al millón invisible es un hito.

Pero aquí no termina la historia... aquí empieza el juego real.

Ahora eres dueño de tu tiempo, tu geografía y tus decisiones.

Y, sobre todo, eres dueño del **código:** la fórmula que te permitirá crear riqueza una y otra vez, sin importar las circunstancias externas.

No todos entenderán tu camino. Algunos dirán que fue suerte.

Tú sabrás que fue diseño.

Y desde hoy, caminarás con la certeza de que ya no hay vuelta atrás.

RITUAL / Acción concreta (Marco Inspired)

o. Escribe tu número objetivo para los próximos 12 meses.

o. Diseña 3 fuentes de ingreso que lo respalden.

o. Agenda una revisión mensual de progreso con métricas claras.

o. Repite: *"Yo no persigo el millón. Yo soy el millón. Y se multiplica."*

— Edgar Hernández

El Código Prohibido del Millón

PARTE V

LA MAESTRÍA

"El fin del aprendizaje es la acción. El fin de la acción es la transformación. Y el fin de la transformación es la permanencia."

El Umbral Final

Llegaste hasta aquí porque rompiste el hechizo de la escasez.

Comprendiste el mapa, instalaste el código mental, ejecutaste las estrategias y abriste las puertas de la expansión. Has cruzado etapas que la mayoría ni siquiera sospecha que existen. Pero ahora, comienza un juego distinto: el juego de la permanencia.

La libertad financiera no se trata solo de tener dinero. Porque dinero han tenido muchos... y lo han perdido. La libertad verdadera consiste en crear un sistema tan sólido, tan bien diseñado, que incluso tú mismo no puedas destruirlo por error, ni tus emociones puedan sabotearlo, ni el tiempo pueda corroerlo.

. . .

De la Libertad a la Permanencia

Hasta ahora, tu enfoque fue crear riqueza, escalar ingresos, multiplicar oportunidades. Esa fue la batalla inicial. Pero una vez alcanzada la cima, aparece un enemigo nuevo: **la fragilidad.**

La historia está llena de ejemplos: atletas millonarios que lo perdieron todo en unos años, herederos que dilapidaron fortunas en meses, imperios que se desmoronaron por exceso de confianza. ¿Por qué ocurre? Porque nunca entendieron que la libertad no es un destino, sino un sistema de **permanencia y propósito.**

Tres Pilares de la Maestría

1 Blindaje — Un verdadero maestro no solo gana, protege. Sabe que la riqueza sin defensa es un espejismo. Blindaje significa estructuras legales, inversiones sólidas, disciplina emocional. Significa que tu sistema sea tan fuerte que ni tus peores errores puedan derribarlo.

2 Estilo de Vida Integral — La riqueza no es solo números: es tiempo, salud, relaciones, espiritualidad. La maestría consiste en integrar la abundancia en cada dimensión de la vida. Porque ¿de qué sirve tener millones si tu cuerpo se destruye o tu alma se marchita?

3 Legado — La maestría va más allá del yo. Es la capacidad de convertir tu riqueza en impacto. Dejar un sistema que sirva incluso cuando tú ya no estés. Aquí la pregunta cambia: no es "¿Cuánto tengo?" sino "¿Qué dejo?".

Filosofía de la Permanencia

Los estoicos lo sabían. Epicteto advertía: *"La riqueza no*

consiste en tener grandes posesiones, sino en tener pocas necesidades." Y Marco Aurelio añadía: *"Lo que hacemos en vida resuena en la eternidad."*

Ambos entendían que la verdadera maestría no era acumular, sino permanecer. No es el ruido de la victoria, sino el eco de un legado.

Historia de la Permanencia

Piensa en los templos egipcios que aún se levantan miles de años después. Piensa en las estructuras romanas que siguen en pie dos milenios más tarde. Esas civilizaciones entendieron la permanencia: construir no para hoy, sino para siglos.

Ahora aplica la metáfora: tu riqueza, tu tiempo, tu impacto. ¿Estás construyendo castillos de arena que el viento borrará, o catedrales invisibles que sostendrán a generaciones?

Ejercicio: Tu Testamento Vivo

1 Escribe en una página: ¿Qué quieres que siga existiendo cuando tú ya no estés?

2 Define 3 acciones concretas que puedes tomar hoy para comenzar a construirlo.

3 Pregúntate: si alguien hereda mi sistema mañana, ¿sobrevivirá sin mí?

La respuesta te mostrará si realmente has alcanzado la maestría o solo la libertad.

La Identidad del Maestro

Un maestro ya no negocia su tiempo. Un maestro convierte la riqueza en estilo de vida. Un maestro vive con propósito. Pero, sobre todo, un maestro entiende que su existencia no termina en su cuerpo: se expande en el impacto que deja.

La maestría no es el fin del viaje. Es el inicio de tu permanencia. Es el punto donde dejas de ser un individuo y te conviertes en institución, en legado, en símbolo.

Conclusión: El Principio de tu Eternidad

Has recorrido el mapa completo:

- Rompiste el hechizo de la escasez.
- Descubriste el código mental.
- Ejecutaste estrategias inteligentes.
- Expandiste tu influencia y tu impacto.

Y ahora, sellas tu transformación en **la maestría.**

Bienvenido al juego final: el de permanecer, trascender y dejar huellas que el tiempo no pueda borrar.

Este no es el final de tu viaje...

Es el principio de tu eternidad.

13

LIBERTAD COMO ESTILO DE VIDA

"La verdadera libertad no está en lo que posees, sino en quién eres cuando nada te ata."

LLEGASTE AQUÍ porque entendiste que la libertad financiera no se mide en cifras, sino en lo que esas cifras te permiten decidir. No se trata de coleccionar objetos caros, sino de acumular mañanas sin despertador, viajes sin fecha de regreso, y días enteros dedicados a lo que realmente importa.

El problema es que muchos confunden abundancia con derroche. Creen que ser libre es gastar sin mirar. La realidad es más sutil... y más poderosa. **La libertad como estilo de vida no es un permiso para perder el control, sino el dominio absoluto sobre él.**

En este nivel, el dinero deja de ser un fin y se convierte en un instrumento. Tus activos trabajan, tus ingresos se multiplican, y tu tiempo se expande. Pero, sobre todo, tu mente se instala en un estado de paz que no tiene precio. Porque la riqueza verdadera no es solo no tener deudas... es no tener miedos.

Cuando vives así:

- El lunes deja de ser un enemigo.
- Los proyectos los eliges, no los persigues.
- Y las personas que te rodean lo hacen porque quieren, no porque necesitan algo de ti.

La libertad como estilo de vida es la capacidad de decidir dónde, cómo, con quién y en qué inviertes tu energía cada día.

Profundización psicológica

Los millonarios auténticos tienen una característica que no siempre se menciona: **no se sienten culpables por su abundancia.** Saben que su riqueza es fruto de un sistema mental y estratégico que cualquiera podría aprender, y que su prosperidad es un reflejo de su aporte al mundo.

La mente común está entrenada para gastar más cuando gana más, cayendo en una esclavitud de alto nivel. La mente maestra, en cambio, usa cada incremento de ingresos para **ampliar la distancia entre gastos y ganancias**, aumentando su libertad en lugar de disminuirla.

Tu objetivo ahora no es solo mantener lo que lograste, sino **refinarlo hasta que se vuelva imposible de destruir**. Y eso significa:

- Blindar tus sistemas financieros.
- Elevar tus estándares de vida sin aumentar tu dependencia del dinero.
- Crear rutinas diarias que refuercen tu mentalidad de libertad.

Ritual / Acción concreta (marco Inspired)

o. **Lista de no-negociables:** escribe 5 cosas que quieres que tu vida incluya SIEMPRE, sin importar cuánto dinero ganes.

o. **Mapa de mantenimiento:** crea un plan mensual para cuidar y potenciar tus activos, asegurando que cada uno siga trabajando por ti.

o. **Agenda consciente:** dedica al menos un día por semana a actividades que no produzcan dinero directo, pero sí alimenten tu creatividad, salud y relaciones.

o. **Revisión de anclas:** identifica cualquier hábito, gasto o persona que pueda volver a atarte... y corta la cuerda antes de que crezca.

Culminación emocional

Ser libre no es llegar a un punto... es mantener el vuelo. El dinero puede abrirte la jaula, pero tu disciplina y tu visión son las que evitan que vuelvas a entrar.

Vivir en libertad es levantarte cada día sabiendo que tus decisiones no están dictadas por miedo, necesidad o presión externa. Es tener el lujo de decir "no" sin culpa y decir "sí" solo cuando tu corazón y tu estrategia están alineados.

Y, cuando alcanzas este nivel, entiendes la verdad: **la libertad no se guarda en una cuenta bancaria... se guarda en la forma en que eliges vivir.**

— Edgar Hernández

El Código Prohibido del Millón

14

LEGADO Y RIQUEZA CONSCIENTE

"El verdadero millonario no deja herencia... deja una visión que sigue creciendo cuando él ya no está."

LLEGAR a la cima financiera es un logro. Mantenerte en ella es una maestría. Pero **trascender más allá de tu tiempo...** eso es inmortalidad.

Muchos acumulan dinero, pocos construyen un legado. Porque la diferencia es simple: el dinero puede gastarse, pero un legado **se multiplica** incluso cuando ya no puedes vigilarlo.

El legado no se trata solo de bienes, sino de *principios*. No de lo que repartes, sino de **lo que enseñas a multiplicar.** Cuando transmites conocimiento, hábitos y mentalidad, entregas la herramienta que evita que tu riqueza se pierda en manos inexpertas.

Una riqueza consciente va más allá de una cuenta bancaria. Es riqueza en relaciones, en reputación, en impacto social, en huellas que inspiran a otros a soñar más alto. **El millonario**

consciente no mide su éxito por cuántos billetes deja, sino por cuántas vidas mejoró en el camino.

PROFUNDIZACIÓN psicológica

Existe una trampa silenciosa: cuando no planificas tu legado, otros lo harán por ti.

Si no diseñas cómo será distribuida, cuidada y potenciada tu riqueza, terminará en manos de quienes no entienden el esfuerzo y la estrategia que la crearon. Esto no es paranoia... es estadística: la mayoría de fortunas se pierde en la segunda generación.

Por eso, la verdadera libertad no solo se gana; **se preserva.**

• Creando estructuras legales que protejan tu patrimonio.

• Educando a tus herederos y aliados para que piensen como tú, no solo para que gasten lo que dejaste.

• Usando tu influencia para sembrar proyectos que sigan generando impacto mucho después de que tu voz se apague.

El legado consciente es la suma de tus activos tangibles e intangibles: tu ejemplo, tus valores, tu historia y tu visión. Cuando todos esos elementos están alineados, tu riqueza se convierte en una **fuerza perpetua**, imposible de detener.

RITUAL / Acción concreta (marco Inspired)

o. **Mapa de herencia activa:** define qué parte de tu riqueza será heredada, invertida o destinada a impacto social.

o. **Carta de principios:** escribe un documento que explique no solo qué dejarás, sino por qué y cómo debe administrarse.

o. **Mentoría en vida:** dedica tiempo cada mes a formar a las personas que administrarán o continuarán tu legado.

o. **Proyecto inmortal:** crea o invierte en una causa que siga creciendo independientemente de ti, como una fundación, un negocio o un sistema de formación.

. . .

CULMINACIÓN **emocional**

En algún momento, tu nombre será pronunciado por última vez. Ese día, lo único que quedará será el eco de lo que construiste. Y si lo hiciste bien, ese eco será tan fuerte que resonará en voces que aún no han nacido.

No se trata de que te recuerden como rico, sino como **arquitecto de libertad**, como alguien que supo que la verdadera victoria no es llegar primero... sino dejar un camino más claro para los que vienen detrás.

Cuando cierras este capítulo, que no sea solo una idea bonita: que sea un compromiso. Un pacto silencioso contigo mismo de que cada paso que des desde hoy tendrá un propósito que dure más que tu propia vida.

— EDGAR HERNÁNDEZ
El Código Prohibido del Millón

15

LA PUERTA QUE YA NO PUEDES CERRAR

"Una vez que ves el mapa... no puedes volver a fingir que no lo conoces."

HAY momentos en la vida que marcan un antes y un después. No son tan comunes como creemos, pero cuando suceden, no hay marcha atrás. Este libro ha sido uno de esos momentos. No porque contenga magia oculta, sino porque ahora **la verdad ya está en ti.**

Has visto cómo piensan, actúan y construyen quienes nunca vuelven a ser pobres. Has sentido el peso del viejo manual de escasez romperse dentro de ti. Has comenzado a reemplazarlo con un código que no depende de suerte ni de circunstancias externas, sino de una arquitectura consciente, diseñada por ti, para ti.

Y aquí está la verdad incómoda: **no podrás volver a la ignorancia.** No podrás mirar tu cuenta bancaria de la misma manera. No podrás trabajar para alguien más sin preguntarte cómo ese tiempo podría estar comprando tu libertad. No podrás ver una oportunidad sin analizarla como inversionista, como estratega... como alguien que ya tiene el mapa.

Profundización psicológica

Cerrar este libro no es cerrar el camino. Al contrario, es **abrirlo de golpe** y verte obligado a caminarlo. Porque la mente, una vez expandida, no regresa a su tamaño anterior.

Esa incomodidad que quizá sientas ahora mismo —esa mezcla de emoción y presión— es la señal de que tu identidad está mutando. Ya no eres la misma persona que leyó la primera página. Eres alguien que sabe que **la libertad no es un premio, sino una decisión que se toma todos los días.**

Y como toda decisión poderosa, trae consigo una responsabilidad: la de no volver a traicionarte.

Culminación emocional

Cuando cierres este capítulo, no pienses "he terminado el libro". Piensa: "acabo de comenzar mi nueva vida".

Visualízate un año a partir de hoy, habiendo aplicado cada concepto, cada ritual, cada estrategia que aquí encontraste. Siente lo que sería mirar atrás y decir: *Lo hice. Lo construí. Y nunca más volví a ser esclavo del dinero.*

La puerta está abierta. Ya la cruzaste. El resto... es caminar hasta donde el horizonte se acabe, y luego construir un horizonte nuevo.

Ritual final / Acción Inspired

o. **Declaración de punto de no retorno:** escribe en una hoja la frase: *"Hoy cruzo la puerta y no vuelvo atrás"*. Firma y fecha.

o. **Compromiso de acción inmediata:** elige una sola acción financiera que puedas implementar en las próximas 24 horas (invertir, eliminar una deuda, iniciar un plan de ingresos pasivos).

0. **Recordatorio visual:** coloca esa hoja en un lugar donde la veas cada día, para que recuerdes que esta decisión no se negocia.

— EDGAR HERNÁNDEZ
El Código Prohibido del Millón

EL JURAMENTO DEL MILLÓN PROHIBIDO

"No importa si hoy tienes un dólar o un millón. Lo que importa es que ahora conoces el mapa. Y una vez que lo conoces, ya no puedes vivir como si no lo tuvieras."

La Irreversibilidad del Conocimiento

Hasta antes de abrir estas páginas, tal vez vivías como muchos: corriendo detrás del dinero, atrapado en la rutina, obedeciendo reglas que nunca escribiste. Pero hoy, esa ilusión se rompió. Has descubierto que existe un mapa, un sistema, una arquitectura oculta que conecta tu mente, tus acciones y tu destino financiero.

Y aquí está la verdad más incómoda: **una vez que conoces el mapa, no puedes volver a dormir como antes.** El conocimiento verdadero es irreversible. Igual que el navegante que descubre la brújula ya no puede confiar solo en las estrellas, o el hombre que ve la luz de la caverna de Platón no puede regresar a adorar sombras.

Has visto el tablero entero. Has visto cómo se mueven las piezas. Y ahora el juego ya nunca será el mismo.

La Llave Maestra

Este libro no fue una colección de consejos. No fue un manual de frases motivacionales ni un cúmulo de recetas fáciles. Fue una **llave maestra.** Una llave que no abre solo la puerta del dinero, sino la puerta de una **mentalidad prohibida:** la mentalidad de quienes no aceptan ser esclavos, de quienes deciden romper el contrato silencioso de obediencia que el sistema impuso.

La mayoría muere sin conocer esa llave. Tú la tienes. Y como toda llave, implica una responsabilidad: usarla. Porque esconderla en un cajón sería un crimen contra ti mismo y contra las generaciones que podrían recibir tu legado.

El Sistema Encendido

Has descubierto que la riqueza no es un evento, es un sistema. Y que ese sistema, una vez encendido, no se apaga jamás... a menos que tú decidas apagarlo.

Ese sistema no depende de la suerte, de las crisis, de los políticos ni de las circunstancias. Ese sistema depende de tu **identidad y disciplina**. Depende de si actúas como víctima o como arquitecto.

Cada gasto que hagas de aquí en adelante será una decisión estratégica. Cada ingreso que recibas será una semilla que puedes plantar o desperdiciar. Cada relación será un activo o un pasivo. Cada día será una jugada en un tablero donde ahora sabes que tú eres quien mueve las piezas.

El Retorno de la Duda

Sí, la duda intentará volver. La voz de la escasez susurrará de nuevo: *"No puedes, no eres suficiente, es demasiado tarde"*. Pero cuando eso ocurra, recuerda este juramento: **tu millón invisible ya existe.**

Existe en las oportunidades que otros no ven.

Existe en las ideas que otros no creen.

Existe en la disciplina que otros no sostienen.

Tu tarea no es inventarlo. Tu tarea es hacerlo visible.

La Filosofía del Juramento

El juramento no es un deseo. Es una decisión irrevocable. Como el guerrero que rompe su barco para no retroceder, como el alquimista que se encierra en su laboratorio hasta descubrir el secreto, como el filósofo que entrega su vida por una verdad que el mundo aún no comprende.

Los estoicos decían que *"la riqueza verdadera es no necesitar nada"*. Pero tú has descubierto un nivel más profundo: la riqueza verdadera es tener un sistema que produce abundancia mientras tú eliges vivir con propósito.

Historia de un Juramento

En la Roma antigua, los gladiadores juraban ante los dioses no huir jamás de la arena. En la Edad Media, los caballeros juraban proteger a los inocentes aunque les costara la vida. En la modernidad, los constructores de imperios juraron transformar industrias enteras sin mirar atrás.

Ese mismo espíritu vive hoy en ti. No se trata de sangre ni de espadas. Se trata de una decisión interna: **jamás volver a ser esclavo del dinero.**

Ejercicio: Tu Juramento Escrito

Toma papel y pluma. Escribe tu propio juramento en presente:

- "El tiempo es mío."
- "La vida es mía."
- "La abundancia es mi derecho."
- "Nunca volveré a negociar mi libertad."

Léelo cada mañana. Léelo cada vez que la duda intente regresar. Léelo hasta que tu identidad lo encarne.

Legado del Millón Prohibido

Este no es un libro que termina. Es un pacto que comienza. Desde hoy, tu riqueza no es solo tuya. Es de tus hijos, de tu familia, de las generaciones que heredarán sistemas, no cadenas.

El verdadero legado no son bienes materiales, es **una mentalidad indestructible.** Cuando tú te vayas, tus sistemas seguirán produciendo, tus enseñanzas seguirán guiando, tu impacto seguirá expandiéndose.

Así como hoy lees palabras de filósofos muertos hace siglos, mañana alguien leerá tu vida y encontrará un mapa. Ese será tu juramento hecho carne: permanecer más allá del tiempo.

El Cierre que Abre

Levanta la mirada. Respira hondo. Este no es el final.

Es tu juramento silencioso, poderoso, inquebrantable:

"Jamás volveré a ser esclavo del dinero.
El tiempo es mío.
La vida es mía.
La abundancia es mi derecho."

— **Edgar Hernández**
El Código Prohibido del Millón

CONOCE AL AUTOR: EL FUNDADOR DE INSPIRED LEGACY PRESS

Edgar Hernández es **autor, conferencista** y **arquitecto de la transformación humana.** Es fundador de **Inspired Legacy Press**, un sello editorial independiente desde el cual lidera un movimiento global dedicado a la **maestría** y la **evolución del potencial humano.**

Su trabajo integra **filosofía, ciencia y psicología conductual** con **inteligencia emocional, neurobiohacking, biología del rendimiento, ciencia de la longevidad, hábitos de alto nivel** y **desarrollo físico sistemático**, con el propósito de cultivar **claridad mental, fortaleza interior** y una **disciplina inquebrantable.**

Es el creador del **Inspired Legacy Framework**, un sistema de transformación humana construido sobre **cuatro dimensiones fundamentales: Identidad, Cuerpo, Riqueza y Espíritu.** Este marco ha sido diseñado para quienes eligen **forjar su carácter, dominar su energía vital, expandir su conciencia** y construir una vida sustentada en **resultados reales**, más allá de la motivación pasajera.

A través de sus libros y enseñanzas sostiene una convicción central:

Quienes dominan su mente, sus emociones y sus hábitos... dominan su destino.

El Sistema Editorial Inspired

Este libro forma parte del **Sistema Editorial Inspired**, una arquitectura editorial concebida para la **transformación integral del ser humano.**

Es un sistema construido sobre **principios, estructura y una visión de largo plazo**, donde cada obra cumple una función específica dentro de un propósito mayor: desarrollar una **identidad consciente**, cultivar **claridad mental**, fortalecer la **autodisciplina**, consolidar la **fortaleza interior** y generar resultados sostenibles en las **cuatro dimensiones del desarrollo humano: Identidad, Cuerpo, Riqueza y Espíritu.**

El propósito del **Sistema Editorial Inspired** es **refinar el juicio, elevar el pensamiento y forjar el carácter.**

Cada libro es un pilar. Cada concepto es una herramienta. Cada página está diseñada para transformar la manera de pensar, decidir y vivir.

Este sistema está dirigido a quienes comprenden que el **crecimiento personal** no es una tendencia pasajera, sino una **práctica deliberada, disciplinada y estructurada**; que la **libertad** se construye mediante **conocimiento, decisión y coherencia**; y que todo **legado verdadero** comienza en la **arquitectura de la mente.**

Una filosofía de vida

Esto no es autoayuda. Es arquitectura humana.
Domina tu identidad.
Fortalece tu cuerpo.
Multiplica tu riqueza.
Expande tu espíritu.
Construye poder.
Construye libertad.
Construye legado.
Bienvenido al Universo Inspired.

instagram.com/edgarhernandezofficial
facebook.com/EdgarHernandezOfficial
youtube.com/@EdgarHernandezOfficial

Printed in Dunstable, United Kingdom

1ee9d323-7d0a-46e5-968d-41affd54c80bR01